이 책을 펴내면서

글짓기는 기술이 아니고 생각하기입니다

말과 글은 사람이 살아가는데 없어서는 안 될 도구입니다. 서로의 생각을 주고받는 수단이기 때문입니다. 사람의 머리 속 생각이 정리 되어 밖으로 표현되는 소리가 말이고 그것을 문자로 적으면 글이 됩니다. 말을 조리있게 잘 하는 사람은 글도 그와 같이 잘 쓸 수 있습니다.

글짓기, 쓰기는 기술이 아닙니다. 더구나 대회에 나가 상을 타기 위한 글짓기꾼을 만드는 것이 목적이 아닙니다. 학생들이 지닌 천부의 상상력, 사고력, 창의력, 비판력, 표현력을 향상시키고 그를 위한 효과적 방법을 터득하게 하는데 그 목적이 있습니다..

이 책에서는 문학 영역인 시를 짓기로, 그 밖의 글은 쓰기로 이름 하였습니다. 시는 아름다운 표현으로 정서 함양에, 생활문은 어른 문학 산문 장르의 바탕으로, 논설문은 논리적인 생각과 효과적인 의견 제시로 일상 생활에 비중이 크다 여겨 특히 무게를 두었습니다. 일회용이 아니고 두고두고 본을 삼아 스스로 학습할 수 있게 꾸몄습니다. 어른들에게는 지도서로, 학생들에게는 자습서로 좋은 길잡이가 되었으면 하는 바람입니다.

김 몽 선

차 례

글짓기는 기술이 아니고 생각하기입니다.
일러두기

첫 째 마 당 - 글짓기 기초 학습

둘 째 마 당 - 시 (시조)

셋 째 마 당 - 일기

일러두기

1. 교사, 학부모들은 지도서로, 학생들은 자습서로 활용할 수 있게 꾸몄습니다.

2. 학생들은 글짓기 공책을 따로 두고 학습할 수 있게 하였습니다.

3. 초등 학교 고학년을 대상으로 하였습니다.

4. 보기글은 부족하다고 생각되는 글과 잘 되었다고 생각되는 글을 함께 실어 스스로 읽고 비교 판단할 수 있게 하였습니다.

5. 필요에 따라 순서에 관계없이 해당 부문만 지도하거나 학습할 수 있게 하였습니다.

6. 기초 학습 부문은 매 시간 시작하기 전에 반복 학습하는 것이 효과적입니다.

7. 여기 제시한 방법은 여러 가지 방법 중의 한 가지일 뿐입니다. 이를 바탕으로 자기 나름의 창조적인 방법을 찾아내도록 힘써야 합니다.

8. 연습 문제의 정답은 없습니다. 다양하기 때문입니다.

글짓기 기초 학습

1. 낱말, 문장

2. 짧은 글짓기

3. 자세히 나타내기

4. 국어 사전 찾기

1. 낱말, 문장

　　안전하고 좋은 집을 지으려면 먼저 집터를 든든히 다져야 합니다. 기초가 든든하지 못하면 모래 위에 지은 집이 되고 맙니다. 조리있고 감동적인 말을 하고, 글을 짓고 쓰려면 우리말과 글을 바르게 사용할 줄 알아야 합니다. 나라에는 갖가지 법과 규칙이 있어 수많은 사람들이 거의 불편 없이 살아갑니다. 우리말과 글에도 법과 규칙이 있습니다. 한글 맞춤법이나 표준어 규정 등이 그것입니다. 자세한 것은 상급 학교에 가서 배우겠지만 초등 학교 국어 교과서 수준의 규칙은 잘 익혀 두어야 바른 글짓기를 할 수 있습니다.

(1) 낱말 (어휘)

　　머리 속에 떠오른 생각을 말이나 글로 표현하려면 그 생각에 알맞은 낱말을 선택해야 합니다. 우리들이 늘 쓰는 말이나 글 속에는 여러 나라의 낱말들이 어지럽게 섞여 있습니다. 훌륭한 우리 나라의 말과 글이 있음을 다시 한번 깨닫고 우리말과 글을 아름답게, 올바르게 살려 쓰는 습관을 익혀야 합니다.

① 토박이 말 (순수한 우리말)

▶ 한 음절로 된 낱말

보 기

나, 너, 공, 집, 손, 발, 눈, 터, 낫 ……

✸ 한 음절로 된 토박이 말을 찾아 써 봅시다. (20개 이상)

▶ 두 음절로 된 낱말

머리, 다리, 허리, 엄마, 나무, 하늘, 여울 ……

✳ 두 음절로 된 토박이 말을 찾아 써 봅시다.(20개 이상)

▶ 세 음절로 된 낱말

어머니, 할머니. 뒤통수, 푸나무, 감나무, 지우개 ……

✳ 세 음절로 된 토박이 말을 찾아 써 봅시다.(10개 이상)

▶ 네 음절로 된 낱말

할아버지, 낭떠러지, 산봉우리, 꽃봉오리 ……

✳ 네 음절로 된 토박이 말을 찾아 써 봅시다.(5개 이상)

2 한자말 (한자로 된 말)

학교, 운동장, 화단, 교무실, 태극기 ……

✽ 한자로 된 낱말을 찾아 써 봅시다.

3 외래어 (외국어에서 빌려, 마치 국어처럼 쓰는 낱말)
  – 한자말 외에 외국어가 국어로 변한 것(우리말에는 없는 것)

빵, 라디오, 아파트, 버스, 파자마 ……

✽ 우리가 잘 쓰는 외래어를 찾아 써 봅시다.

4 외국어 (우리말이 있는데 다른 나라의 말을 쓰는 것)

슈가(설탕), 밀크(우유), 훼밀리(가족), 와이프(아내), 나이프(칼)

✽ 주위에서 많이 쓰는 외국어를 찾아 써 봅시다.

우리말은 토박이 말, 한자말, 외래어로 이루어져 있습니다. 우리 말이 없어서 쓰고 있는 외래어는 어쩔 수 없지만 우리말이 있는 데도 굳이 외국어를 함부로 쓰는 버릇은 고쳐야 합니다.

(2) 문장 (글월)

낱말들이 모여 문장이 이루어집니다. 생각이나 느낌, 사실은 거기에 알맞은 낱말들을 뜻이 통하게, 규칙에 맞게 늘어 놓아야 분명하게 나타납니다. 올바른 문장 만들기가 되어야 여러 가지 글을 효과적으로 짓거나 쓸 수 있습니다.

우리 글의 기본 문장은 다음 세 가지입니다. 이 세 가지 기본 문장을 여러 가지로 꾸미거나 붙여서 좀 더 자세하게 구체적으로 나타내게 됩니다.

1 무엇이(가, 는, 은) 무엇이다.
- 하늘이 우주이다.
- 여기가 우리집이다.
- 나무는 식물이다.
- 물은 액체이다.

2 무엇이(가, 는, 은) 어떠하다.
- 하늘이 푸르다.
- 코가 빨갛다.
- 무지개는 예쁘다.
- 겨울은 춥다.

3 무엇이(가, 는, 은) 어찌한다.
- 곰이 달려간다.
- 어머니가 웃으신다.
- 나무는 흔들린다.
- 동생은 잔다.

✻ 기본 문장을 만들어 봅시다.

<table>
<tr><td>보 기</td></tr>
</table>

동 생 ➡ 동생은 일 학년이다.

우리집 ➡ ______________________________

선생님 ➡ ______________________________

횡단 보도 ➡ ______________________________

<table>
<tr><td>보 기</td></tr>
</table>

별 ➡ 별이 반짝인다.

개나리 ➡ ______________________________

바 다 ➡ ______________________________

아버지 ➡ ______________________________

<table>
<tr><td>보 기</td></tr>
</table>

개 미 ➡ 개미가 기어간다.

무궁화 ➡ ______________________________

태극기 ➡ ______________________________

바 람 ➡ ______________________________

2. 짧은 글짓기

기본 문장의 틀을 생각하며 거기에 꾸미는 말이나 자세히 하는 말을 넣어 마음대로 문장을 만들어 봅시다.

1 주어진 한 낱말을 넣어 재미있는 문장 만들기

보 기

보름달 ➡ 추석이 되면 둥근 **보름달**을 쳐다보며 송편을 먹는다.

✱ 다음 낱말을 넣어 짧은 글을 지어 봅시다.

컴퓨터 ➡ ___________________________

전 화 ➡ ___________________________

아 침 ➡ ___________________________

할머니 ➡ ___________________________

운동장 ➡ ___________________________

책 ➡ ___________________________

가 을 ➡ ___________________________

산 ➡ ___________________________

2 주어진 두 낱말을 넣어 재미있는 문장 만들기

| 사 진 | |
| 공 원 | |

우리 가족은 어린이 대공원의 코끼리가 보이는 곳에서 <u>사진</u>을 찍었다.

❋ 다음 두 낱말을 넣어 짧은 글을 지어 봅시다.

| 연 필 |
| 지우개 |
➡ ______________________________________
____

| 옷 |
| 비 |
➡ ______________________________________
____

| 아버지 |
| 현관 |
➡ ______________________________________
____

| 봄 |
| 여름 |
➡ ______________________________________
____

| 손 님 |
| 신 발 |
➡ ______________________________________
____

| 교 실 |
| 웃 음 |
➡ ______________________________________
____

| 달 력 |
| 생 일 |
➡ ______________________________________
____

3. 자세히 나타내기

글은 읽는 사람의 머리 속에 그 대상이나 장면이 그림처럼 선하게 떠올라야 재미있고 이해가 빠릅니다. 자세히 그림 그리듯이 나타내기는 그래서 필요합니다. '꽃'이라고 말하면 머리 속에는 확실하게 꽃의 그림이 그려지지 않습니다. 색깔, 모양, 냄새, 크기, 촉감 등이 자세히 나타나야 그 꽃이 분명히 떠오르게 됩니다.

1 눈에 보이는 대상을 자세히 나타내기

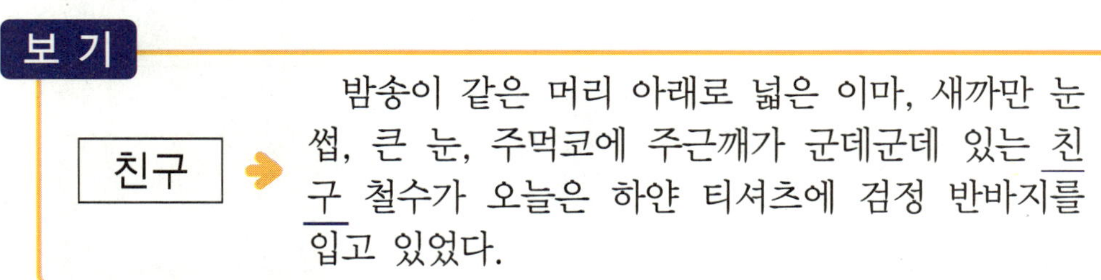

❋ 다음에 주어진 대상을 위와 같이 자세히 나타내어 봅시다.

어머니 ➡ ________________________________

____

____

아버지 ➡ ________________________________

____

____

나 ➡

선생님 ➡

연 필 ➡

교 실 ➡

네거리 ➡

백화점 ➡

컴퓨터 ➡

② 문장을 자세하게 만들기

| 비가 쏟아졌다 | ➡ | 오늘은 아침부터 흐리더니 점심 때 비가 좌악좌악 쏟아졌다. |

✻ 다음에 주어진 문장을 위와 같이 자세히 나타내어 봅시다.

친구가 보고 싶다 ➡ _______________________________

꽃이 피었다 ➡ _______________________________

밥을 먹었다 ➡ _______________________________

편지가 왔다 ➡ _______________________________

꾸중을 들었다 ➡ _______________________________

놀이터에서 놀았다 ➡ _______________________________

책을 읽었다 ➡ _______________________________

3 대화 나타내기

✻ 다음 간접 화법을 직접 화법으로 바꾸어 봅시다.

■ 동생은 나와 함께 가고 싶다고 야단이었다.

■ 나는 아버지께 용돈을 달라고 매달렸다.

■ 할머니께서 전화로 어머니를 바꾸라고 하셨다.

■ 학교에서 옆짝 순희에게 참견하지 말라고 톡 쏘아 주었다.

■ 하늘을 쳐다보며 웬 비가 이리도 오느냐고 어머니께서 말씀하셨다.

■ 저녁을 먹고 나서 아버지께서는 숙제를 가져 오라고 하셨다.

■ 어머니, 아버지께서는 연속극을 보자, 뉴스를 보자며 서로 다투고 계셨다.

■ 교문 앞에서 헐레벌떡 뛰어나가는 영철이에게 어디 가느냐고 물어 보았다.

4 직접 대화도 간결하게

어머니께서는 "책 좀 읽어라."고 하셨다. 그래서 나는 "예."라고 대답했다. 그리고 책을 찾아 들었다.

"책 좀 읽어라." 어머니께서 말씀하셨다.
"예."
나는 얼른 책을 찾아 들었다.

✽ 다음 대화를 간결하게 나타내어 봅시다.

선생님께서 "철수야, 행정실에 가서 분필 좀 가져 오너라."라고 하셔서 나는 갖다 드렸다.

"어머니, 이게 뭐예요?"하며 여쭈어 봤더니 "음, 나중에 가르쳐 줄게."하시며 입가에 미소를 지으셨다.

　나는 집에 가서 엄마께 말씀드리니 "철수는 빨래하기 쉽다니, 철수가 한번 빨아 보려무나."하고 말씀하셔서 나는 하는 수 없이 내가 빨아 보았다.

⬇

　"엄마, 왜 우산 갖다 주지 않았어요? 엄마가 우산 갖다 주지 않으셔서 비에 흠뻑 젖었잖아요."하고 불평을 했더니 엄마는 "엄마가 아침에 우산 가지고 가랬더니 왜 안 가져 가서 엄마 빨래하기 힘들게 하니?"하시며 꾸중을 하셨다.

⬇

4. 국어 사전 찾기

글을 읽다가 모르는 낱말이 나오면 국어 사전에서 그 뜻을 찾아보아야 글의 내용을 알 수 있습니다. 국어 사전 찾는 방법을 알아봅시다.

✱ 낱말의 짜임과 찾는 순서를 알아봅시다.

말은 첫소리가 되는 닿소리와 가운뎃소리가 되는 홀소리, 끝소리가 되는 받침의 차례로 짜여있습니다. 그래서 어떤 말을 찾으려면 먼저 첫소리와 가운뎃소리, 끝소리로 나누어 보아야 합니다.

보 기

방	첫소리 · · · · · · · ㅂ
	가운뎃소리 · · · · · ㅏ
	끝소리 · · · · · · · ㅇ

✱ 이와 같이 하여 ㅂ ⇒ ㅏ ⇒ ㅇ의 차례로 찾으면 됩니다.

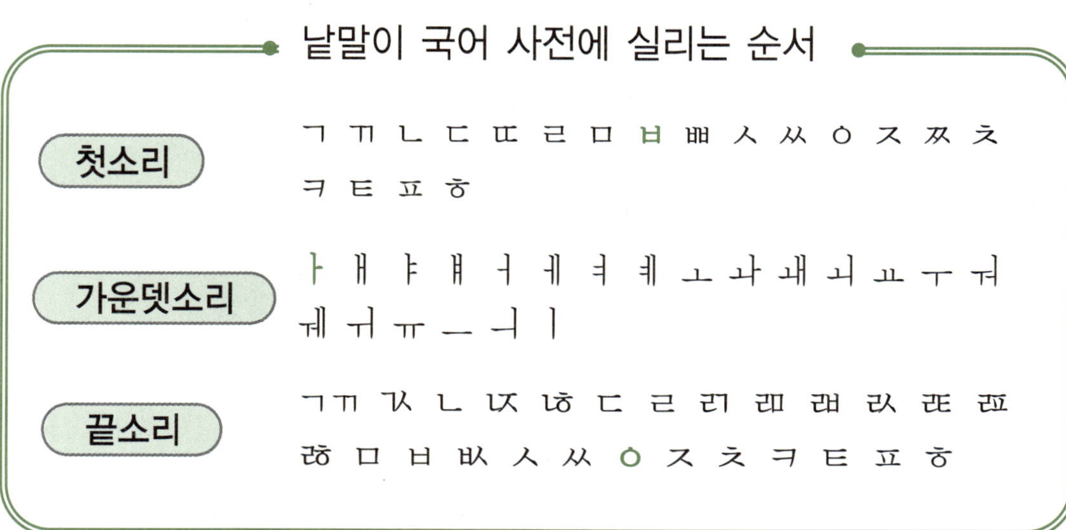

● 낱말이 국어 사전에 실리는 순서 ●

첫소리
ㄱ ㄲ ㄴ ㄷ ㄸ ㄹ ㅁ ㅂ ㅃ ㅅ ㅆ ㅇ ㅈ ㅉ ㅊ
ㅋ ㅌ ㅍ ㅎ

가운뎃소리
ㅏ ㅐ ㅑ ㅒ ㅓ ㅔ ㅕ ㅖ ㅗ ㅘ ㅙ ㅚ ㅛ ㅜ ㅝ
ㅞ ㅟ ㅠ ㅡ ㅢ ㅣ

끝소리
ㄱ ㄲ ㄳ ㄴ ㄵ ㄶ ㄷ ㄹ ㄺ ㄻ ㄼ ㄽ ㄾ ㄿ
ㅀ ㅁ ㅂ ㅄ ㅅ ㅆ ㅇ ㅈ ㅊ ㅋ ㅌ ㅍ ㅎ

1. 시 감상

우리들은 하루하루의 생활 속에서 참으로 **기뻤거나, 슬펐거나, 고마웠거나, 놀라웠거나, 신비스러웠거나, 무서웠거나, 억울했던** 일을 경험할 때가 있습니다. 무심히 지나치면 못 느꼈을 것을 조금만 관심있게 돌아보면 언뜻언뜻 생각해 낼 수 있습니다. 이런 느낌들을 잘 정리하여 나타내면 시가 됩니다.

시는 우리의 마음을 즐겁게 해 줍니다. 짓는 이는 짓는 순간, 읽는 이는 읽는 순간이 행복해질 수 있습니다.

시를 짓기 전에 다른 사람이 지은 시를 읽고 감상해 보는 일은 매우 중요합니다.

(1) 직접 체험한 것을 바탕으로 지은 시

가 을

범물초등 6학년   이소영

새터재 넘어
산재재 지나
금월산 골짝

여덟 가족 모여
가을 운동회 시작했다.

우리의 푸른 마음도 비치는
맑은 물에서
다슬기 잡기는
어린이 종목

가시 돋힌 주머니 속
밤 따기는
가족 대항

어느새
어두컴컴한 하늘
"마지막 종목은
쓰레기 줍기다!"
비닐 봉지
가득가득 채워 넣으니

우리 마음도 별이 되어
가을 밤 하늘에
반짝였다.

✽ 위 시를 읽고, 비슷한 체험을 말해 봅시다.

(2) 눈에 보이는 것을 표현한 시

가 을

범물초등 6학년 김미향

누가 그려 놓았을까?
교문 앞
은행나무 한 그루

노오란 손
하늘거리며
우리들을 부른다.

"야,
저 노란 은행 잎 좀 봐."
"그래,
잘 익은 참욋빛이다."
즐거운 하굣길

쏴아 –
어디선가 불어오는
시원한 바람이
가을을 반긴다.

아!
어깨 위로
소로로 소로로
내려앉는
노오란 가을 햇살

앞의 시와 같은 제목이지만 이 시는 은행나무를 바라보며 지은 시입니다. 이 시는 연마다 자기의 생각이나 느낌이 함께 표현되어 있어 훨씬 감동적입니다. 첫째 연에서는 그림으로 보았습니다. 둘째 연에서는 눈길을 끄는 은행 잎이 우리들을 부른다고 했습니다. 셋째 연에서는 '잘 익은 참윗빛'으로 빗대어 표현했고, 넷째 연에서는 바람이 가을을 반긴다고 했습니다. 마지막 연에서는 노오란 은행 잎을 연상시키는 노오란 가을 햇살이 어깨에 내려앉는다고 표현하여 이 시의 감동을 크게 높여 놓았습니다. 한 가지 대상을 바라보며 그림 그리듯 글로 표현하면서도 이렇게 자기의 마음을 함께 숨겨 나타내는 것이 자기의 마음을 아름답게 가꾸는 일이고 나아가 감동적인 시를 짓는 방법입니다.

✽ 위 시를 읽고, 생각나는 것을 말해 봅시다.

(3) 보이는 모습을 자기의 생활과 관계 지어 나타낸 시

<table>
<tr><td colspan="2" align="center">망치와 못</td></tr>
<tr><td>

"쾅쾅쾅…."
맨날
얻어맞는 못은
무척 아플거야.

망치도 아플거야.
친구를 때리는 게
무척 가슴 아플거야.

</td><td>

날 때리면
나는 무척이나
아플거야.

하지만 날 때리는
엄마의 마음도
너무너무 아플거야.

</td></tr>
</table>

망치로 못 치는 모습을 바라보며 얻어맞는 못, 친구를 때리는 망치, 그러나 '잘되라고 하는 일'로 받아들입니다. 나아가 어머니가 날 때리면 나는 아프겠지만 때리는 엄마도 가슴 아플거라는 생각을 표현하고 있습니다. 망치와 못을 친구로 보는 마음도 예쁘지만 망치를 어머니에, 못을 지은이에 빗대는 표현은 참으로 감동적이라 할 수 있습니다. 눈에 비치는 일상의 사물을 우리들의 생활과 빗대어 표현해 내는 마음 속에는 고운 무지개가 떠 있습니다.

✽ 위 시를 읽고, 비슷한 생각을 말해 봅시다.

(4) 대화체를 활용한 시

나뭇가지

박규재

"덥지요? 이리 오셔요."

그림자를 놓고
나를 꾀는 나뭇가지

"여기는 시원해요."
잎을 팔랑팔랑
부채질하는 나뭇가지

　시에서 자기의 느낌이나 생각을 나타내는데 의인(사람으로 대접하는)법이 많이 쓰입니다. 이 시에서도 나뭇가지는 지은이의 마음을 꾀는 친구입니다. 자신이 나뭇가지가 되었다고 생각해 보면 알 수 있습니다. 나뭇가지는 심심합니다. 더운 여름 그늘을 만들어 놓고 오라고 손짓하는 모습이 부채질하는 것처럼 느껴지는 것입니다.
　사실은 지은이 자신이 그늘 밑에 가고 싶은 마음을 나뭇가지를 빌어 나타낸 것입니다.

우리 엄마

민병우

"엄마, 이제 그만 자."
"오냐, 곧 자마. 너나 먼저 자거라."
"엄마?"
"왜?"
"그러다가 병이라도 나면 어떡해?"
"원, 녀석도……."

빙그레 웃으시는
엄마 얼굴 그리며
눈을 감았다.
밤은 깊은데
엄마는 아직도 베를 짜신다.
철거덕, 철거덕!

  대화 속에서 어머니를 걱정하는 자식의 마음과 그런 자식을 흐뭇한 마음으로 사랑하시는 어머니의 마음이 잘 드러납니다. 설명하려면 길게 써야 하지만 시는 이렇게 몇 안 되는 대화로 그 모든 것을 가슴 찡하게 전해 줍니다. 지금은 베 짜는 어머니를 거의 볼 수 없지만 가난했던 오륙십 년 전에는 시골에 흔히 있던 모습이었습니다. 지금도 우리 주위에는 베는 짜지 않아도 어려운 살림을 꾸려 가느라 숨가쁘게 애쓰시는 어머니가 많습니다. 시에서는 대화도 시가 되어야 합니다. 설명이 되어서는 안 되는 것입니다.

✻ 위 시를 읽고, 생각나는 대화를 말해 봅시다.

(5) 대상을 보고, 그 안의 안 보이는 것까지 연상해서 지은 시

꽃씨

꽃씨 속에는
파아란 잎이 하늘거린다.

꽃씨 속에는
빠알가니 꽃도 피어 있고

꽃씨 속에는
노오란 나비 떼도 숨어 있다

  좁쌀같이 작은 채송화 까만 씨앗, 들깨알만한 갈색의 봉선화 씨앗, 그 작은 씨앗을 바라보며 지은이는 그 씨앗을 땅 속에 심어 싹이 트고 꽃이 피고 나비가 날아오는 모습을 연상하고 있는 것입니다. 얼마나 신기한 일입니까? 그 조그만 씨앗이 여름 한낮 색색의 채송화로, 빨간 봉선화로 피어나고 거기에 나비 떼가 날아올 것을 생각해 보면 말입니다. 시는 이렇게 보이지 않는 곳에도 아름답게 숨어 있는 것입니다. 시를 쓰는 눈과 마음은 세상에 없는 것을 만들어 내는 발명가와 닮아 있다 할 것입니다. 보이는 것, 들리는 것, 느껴지는 것 모두를 겉보아 넘기지 말아야 합니다. 많은 비가 내리면 논과 밭, 집이 휩쓸려 가지만, 그 비로 인해 젖소는 물을 먹고 젖을 만들며 또 꽃씨는 꽃을 피우는 것입니다. 둘레의 사물을 신기한 눈으로 자세히 관찰하면 감동적인 시가 숨어 있음을 금방 알 수 있습니다. 아름답고 감동적인 시를 찾아 나서 봅시다.

✻ 위 시를 읽고, 비슷한 체험을 말해 봅시다.

(6) 새롭게 발견해서 표현한 시

풀 잎

박성룡

풀잎은
퍽도 아름다운 이름을 가졌어요.
우리가 '풀잎' 하고 그를 부를 때는
우리들의 입 속에서는 푸른 휘파람
소리가 나거든요.

바람이 부는 날의 풀잎들은
왜 저리 몸을 흔들까요
소나기가 오는 날의 풀잎들은
왜 저리 또 몸을 통통거릴까요.

그러나 풀잎은
퍽도 아름다운 이름을 가졌어요.
우리가 '풀잎' '풀잎' 하고 자꾸 부르면
우리의 몸과 맘도 어느덧
푸른 풀잎이 돼 버리거든요.

'풀잎' 이라는 이름에 대하여 새로운 느낌을 발견한 표현입니다. 왜? 로 시작해서 새로움을 발견해 내려는 지은이의 마음이 재미있습니다. 셋째 연에서 '풀잎' 을 부르면 지은이의 몸도 마음도 풀잎이 된다는 발견은 참으로 흥미롭습니다.

✻ 위 시를 읽고, 다른 것에 대하여 새로운 것을 말해 봅시다

▶ 마음에 드는 시들을 찾아 적고, 위와 같이 생각해 봅시다. 남의 시를 많이 읽고 함께 느끼고 생각하는 일은 감동적인 시를 잘 쓸 수 있는 든든한 바탕이 됩니다.

2. 형식, 표현 방법

(1) 형식

1 자유시 (동시)

꽃씨를 따라간 햇살

권영상

아기가 ········· 행 ┐
꽃씨를 ········· 행 │ 연
심을 때, ········· 행 ┘

햇살도 ········· 행 ┐
몇 조각 ········· 행 │ 연
따라 묻혔다 ········· 행 ┘

어두운 ········· 행 ┐
흙 갈피서 ········· 행 │
꽃씨 눈을 틔워 ··· 행 │ 연
파란 새싹으로 ··· 행 │
밀어 올리기 위해 ·· 행 ┘

아무도 ········· 행 ┐
모르는 사이 ····· 행 │ 연
꽃씨 곁에 묻혔다 ·· 행 ┘

▶ 이 시는 4연 14행으로 자유롭게 지어진 시입니다.

✻ 이 시를 읽고, 생각나는 자기의 경험이나 느낌을 이야기해 봅시다.

② 정형시

  정해진 형식에 맞게 지어진 시를 말합니다. 동요와 시조가 여기에 속합니다.

■ 동요

〈 4.3조 〉

그네

박연숙

노랑나비 무서워 분홍나비 뒷걸음
분홍나비 무서워 노랑나비 뒷걸음
버들가지 붙잡혀 흔들흔들 푸른 꿈
발밑에선 창포꽃은 어지러워 자줏빛

〈 7.5조 〉

도토리

유성윤

때굴때굴 도토리 어디서 왔나?
단풍잎 곱게 물든 산골서 왔지.
때굴때굴 도토리 어디서 왔나?
깊은 산골 종소리 듣다가 왔지.

〈 6.5조 〉

고드름

유지영

고드름 고드름 수정 고드름
고드름 따다가 발을 엮어서
각시방 영창에 달아 놓아요

▶ 이 밖에 4.4조, 8.5조 등 여러 가지 글자 수로 일정하게 운율을 맞춰 지은 동요는 많습니다. 주로 곡을 붙여 노래로 많이 불려지고 있습니다.

■ 시조

 시조는 우리 조상 대대로 노래로, 시로 지어져 읊어 오던 우리 나라
에서만 있는 시의 형식입니다. 형식은 초장(3, 4, 3, 4), 중장(3, 4, 3,
4), 종장(3, 5, 4, 3)의 3장으로 되어 있습니다. (   )안의 숫자는 글자
수를 말합니다. 한 두 자의 적고 많음은 허용됩니다. 다만 <u>종장 첫마
디 3자와 둘째 마디 5(9자까지)자는 꼭 지켜져야 합니다.</u>

살구꽃 핀 마을

이호우

<u>살구꽃</u> <u>핀 마을은</u> <u>어디나</u> <u>고향같다</u> · · · ·(초장)
3(4)　　4(3)　　　3(4)　　　4(3)

<u>만나는</u> <u>사람마다</u> <u>등이라도</u> <u>치고지고</u> · · ·(중장)
3(4)　　4(3)　　　3(4)　　　4(3)

<u>뉘 집을</u> <u>들어서면은</u> <u>반겨 아니</u> <u>맞으리</u> · ·(종장)
3　　　5~(9)　　　　4(3)　　　3(4)

분이네 살구나무

정완영

<u>동네서</u> <u>젤 작은 집</u> <u>분이네</u> <u>오막살이</u>
3(4)　　4(3)　　　3(4)　　　4(3)

<u>동네서</u> <u>젤 큰 나무</u> <u>분이네</u> <u>살구나무</u>
3(4)　　4(3)　　　3(4)　　　4(3)

<u>밤사이</u> <u>활짝 펴 올라</u> <u>대궐보다</u> <u>덩그렇다</u>
3　　　5~(9)　　　　4(3)　　　3(4)

(2) 표현 방법

생각이나 느낌을 잘 나타내기 위하여 여러 가지 방법을 씁니다.

1 빗대어 나타내기 (비유)

▶ 직접 빗대어 나타내기 (직유)

안개가 끼면 도시의 길도 아늑하다	➔	안개가 끼면 도시의 길도 시골같이 아늑하다
까르르 웃어대는 꽃	➔	까르르 아기처럼 웃어대는 꽃

✲ 알맞은 비유로 나타내어 봅시다.

보기 고향은 정답다	➔	고향은 어머니처럼 정답다
밤 하늘에 별이 빛난다	➔	밤 하늘에 별이 빛난다
벚꽃잎들이 흩날리고 있었다	➔	벚꽃잎들이 흩날리고 있었다

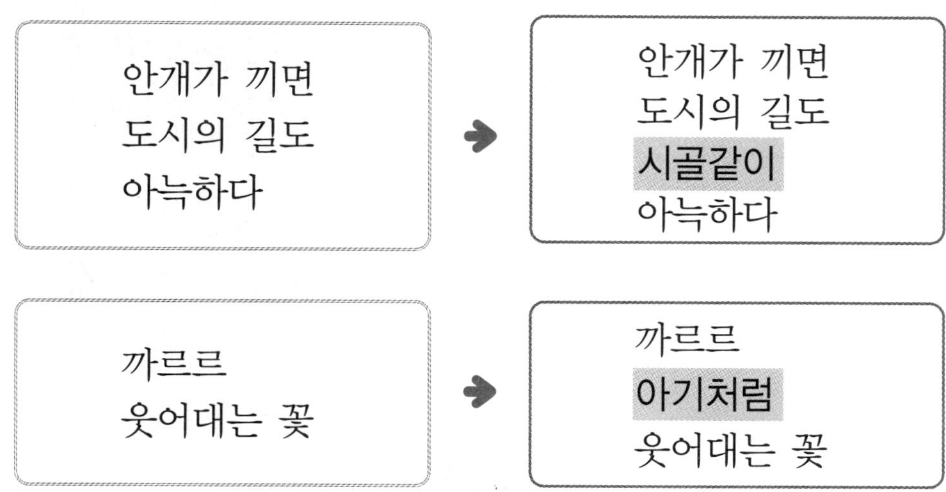

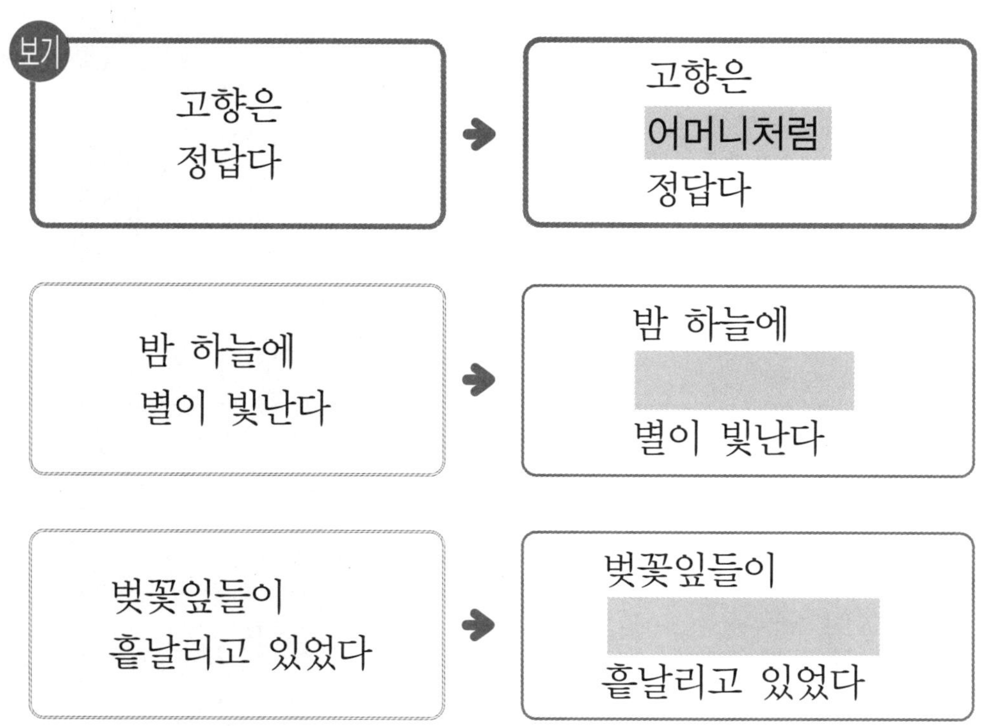

▶ 숨겨서 빗대어 나타내기 (은유)

빠알간 단풍잎 우리 아기 손바닥	가을 산 수채화 물감
오늘의 청소 당번 소나기	첫눈은 신들린 꽃이다. 첫눈은 눈부신 기쁨이다.
엄마는 가지 많은 나무	하늘은 바다 끝없이 넓고 푸른 바다 구름은 조각배

✽ 위와 같은 비유로 나타내어 봅시다.

보기
밤하늘은
까만 도화지

우리집 아침 밥상은	미술 시간
컴퓨터	책가방은
엄마 품은 엄마 손은	비행기는 구름 속을 날고 있다.

▶ 사람으로 빗대어 나타내기 (의인화)

봄바람이
창문을 두드린다.

바다 위의 작은 섬
참 외롭겠구나.

나비들이 날아와
향수 뿌리고 잔치 벌이네.

나무는
장단 맞춰 춤을 추지요.

푸른 잎새 사이로
햇살 미끄럼 타고

노오란 은행 잎이 떠나는
가을 여행

아무도 눈여겨보지 않는
몽당비들이
머릴 맞대고 수근거리고 있다.
– 이제 우리는 무엇을 할까?

폭포는
왁자지껄
우리들처럼 즐겁다.

✱ 사람으로 여기고 나타내어 봅시다.

보기
옹달샘은
간지러워 웃음을 띕니다.

수양버들 가지에 바람이

어항 속 금붕어

아이들이 모두
집으로 간 뒤 운동장은

까만 그믐밤 하늘에
초록별들이

2 강조하여 나타내기

▶ 반복하여 나타내기

골목 모퉁이 구멍가게
바빠요 바빠요.

나무는 나무는
꿈을 꾼다.

열릴 듯 열릴 듯
힘겨운 기지개 끝에

기다리다 기다리다
지친 참새들이 먼저
자리를 뜨고

▶ 과장하여 나타내기

엄마의 큰 눈이 흐려서
동굴 속 만큼이나
어두울 때면

하마보다 더 크게
하품을 하면

저 높고 높은 산 위에
빠알간 불이 타 오르네.

교장 선생님은
동물원의 기린이에요.

▶ 늘어 놓기

개나리, 진달래
꽃다지, 씀바귀
얼마나 예쁜 이름들인가?

꼬리연, 방패연, 광대연
여울물 치고 오르는
잉어 떼처럼

우리의 산들은
걱정만 하고 있다.
낭림, 태백, 소백

참새, 토끼, 다람쥐들의
추운 겨울을 위해

3 변화 주기 (순서 바꾸어 보기)

<u>이 많은 감자를</u> 할머니가 보내셨구나.	➜	할머니가 보내셨구나. <u>이 많은 감자를</u>
기다리며 줄 서 있는 시간이 <u>왜 이리도 길까?</u>	➜	<u>왜 이리도 길까?</u> 기다리며 줄 서 있는 시간이
<u>우리 마음도 별이 되어</u> 가을 밤하늘에 반짝였다.	➜	가을 밤하늘에 반짝였다. <u>우리 마음도 별이 되어</u>

3. 좋은 시, 그렇지 못한 시

앞을 볼 수 없는 사람에게 자기가 겪은 일이나 본 것을 느낌과 생각을 섞어 간결하게 전달한다고 생각을 해 봅시다. 어떻게 나타내어야 효과적일지 다음 작품을 보며 생각해 봅시다.

단풍잎

빨간색, 노란색
예쁜 단풍잎 아가씨
곱게 단장하고
바람 아저씨를 기다리네.

바람 아저씨와
여행 갔던 일 생각하며
잠이 들었네.

단풍잎

동화사 가는 길
노란 은행 잎들이
아스팔트를 덮고 있다.
이불처럼

바람이 불면
빨간 단풍나뭇잎도
날아와
함께 덮는다.

가을을 따뜻이 감싸 준다.

우체통

편지를 먹고 사는
빨간 옷의 아저씨
엽서도 먹고
봉투도 먹고

비가 오나 눈이 오나
추우나 더우나
한 자리에 서서

기쁜 소식 슬픈 소식
가리지 않고 먹는
우체통은 꿀돼지.

우체통

문방구 앞에 서 있는
빨간 우체통

시골 삼촌께 쓴
편지를 넣었다.
바스락 소리를 내며
떨어지는 편지

정말 가게 될까?
처음 써 본 내 편지
삼촌께 가는 편지
걸어오다가 되돌아 보니
우체통도 나를 보고 있었다.
내 마음을 다 알고
걱정 말라는 듯이 ……

4. 남의 시 고쳐 보기

보 기

꽃밭

꽃밭에는
여러 가지 꽃들이
아름답게 피네.

흰 나비 노랑나비
춤을 추며 놀러 오고

벌들은 꽃을 따라
찾아오네.

꽃밭

꽃밭에는
빨간 채송화, 분홍 봉선화

그 뒤로
키 큰 해바라기
달님처럼 둥그런 얼굴

흰 나비 노랑나비
손님으로 모시고

꿀벌도 함께 불러
색색 잔치 벌이네.

전화

전화 벨이 울리면
엄마가 받으시고

또 한 번 울리면
내가 받고

전화는
참으로
귀찮다.

구름

하늘 위에
구름

토끼 모양
코끼리 모양

구름은
마음대로
모양을 바꾸는
요술쟁이

우리집

우리집엔 네 식구
옹기종기 모여 산다.

키다리 아빠
미인 어머니
고집쟁이 동생
그리고
새침데기 나

모두 모두
즐겁게 산다.

친구

다정한 내 친구
언제나
내 옆에 있고

고마운 내 친구
힘들 때
나를 도와 주는
고마운 내 친구

5. 제목, 주제, 소재

(1) 제목

시의 제목은 주제에서 따올 수도 있고 소재에서 따올 수도 있습니다. 제목을 먼저 정해 놓고 시를 지을 때는 정해진 제목에 알맞은 주제를 생각하고 거기에 따른 소재를 찾아야 합니다.

제목 : 전 화 ➜ 주제 〈전화로 듣는 그리운 목소리〉
　　　　　　　　소재 〈시골 할머니의 전화를 받은 일〉

제목 : 어머니 ➜ 주제 〈가슴 찡하게 느꼈던 어머니의 사랑〉
　　　　　　　　소재 〈꽃병을 깬 나를 심하게 꾸중하고 우신 어머니〉

✻ 다음 제목에 주제와 소재를 찾아 적어 봅시다.

• 우리집 ➜ 주제 〈　　　　　　　　　　　　　　　　　〉

　　　　　　소재 〈　　　　　　　　　　　　　　　　　〉

• 선생님 ➜ 주제 〈　　　　　　　　　　　　　　　　　〉

　　　　　　소재 〈　　　　　　　　　　　　　　　　　〉

• 봄　　 ➜ 주제 〈　　　　　　　　　　　　　　　　　〉

　　　　　　소재 〈　　　　　　　　　　　　　　　　　〉

• 친구　 ➜ 주제 〈　　　　　　　　　　　　　　　　　〉

　　　　　　소재 〈　　　　　　　　　　　　　　　　　〉

(2) 주제

　주제는 자기가 지으려는 글의 중심 생각을 말합니다. 쉬운 예로 「심청전」이라는 옛 소설은 그 주제가 '어버이에 대한 지극한 효성'입니다. 효성을 이야기 하려고 '심청의 일생'을 소재로 택한 것입니다.
　주제는 작고 즉 한정되고, 쉽고 재미있는 생각이어야 합니다.
　주제가 주어지면(정해지면) 그 주제를 가장 효과적으로 나타내는데 알맞은 소재(글감)를 찾아야 합니다. 그리고 제목을 정합니다. 주제가 바로 제목이 될 수도 있습니다.

주제 : **겨울 눈 온 날의 아름다운 경치**
　➡ 소재 〈눈 오는 일요일 들길을 걸으며 하얀 세상을 본 일〉
　　제목 〈눈 오는 날〉

주제 : **청소**
　➡ 소재 〈어머니 안 계시는 날, 혼자 집안 청소하고 칭찬 받은 일〉
　　제목 〈청소〉

✳ 다음 주제를 나타내기에 알맞은 자기의 경험을 찾아 소재와 제목을 써 봅시다.

• 거리 질서
　➡ 소재 〈　　　　　　　　　　　　　　　　　　　〉
　　제목 〈　　　　　　　　　　　　　　　　　　　〉

• 화목한 우리집
　➡ 소재 〈　　　　　　　　　　　　　　　　　　　〉
　　제목 〈　　　　　　　　　　　　　　　　　　　〉

• 고마운 선생님
　➡ 소재 〈　　　　　　　　　　　　　　　　　　　〉
　　제목 〈　　　　　　　　　　　　　　　　　　　〉

(3) 소재

　소재는 글감을 말합니다. 김치를 담그려면 재료가 있어야 합니다. 배추, 소금, 양념(고춧가루, 마늘, 젓갈 등)을 알맞게 절이고 버무려야 맛있는 김치가 됩니다. 재미있고 감동적인 글이 되려면 글감을 잘 찾아야 합니다. 흔히 남들이 다 갖고 있는 경험보다는 나만의 특별한 경험을 생각해 내어야 합니다. 그 소재에, 앞에 말한 여러 가지 표현 방법으로 자기의 생각과 느낌(주제)을 버무려 한 편의 글이 만들어져야 좋은 글이 될 수 있습니다. 따라서 좋은 글감을 가슴 속에 풍부히 간직하려면 일상의 사물을 눈여겨 봐 둬야 하고 남다른 경험을 많이 하며, 책도 많이 읽어야 합니다. 남의 이야기도 귀담아 들어야 합니다. 때로는 생활하는 가운데 보여지는 새로운 현상, 신기한 일 감동적인 장면들과 그에 따른 언뜻언뜻 떠오르는 느낌이나 생각을 간단하게 메모해 두는 습관을 가지는 것도 좋은 일이 될 수 있습니다. 소재를 가지고 주제와 제목을 만들어 글을 짓는 경우도 많습니다.

　소재 : 시골 할머니 댁에 가서 감 따던 지난 일요일의 즐거웠던 일
　➜ 주제 〈할머니의 손자(손녀) 사랑〉
　　제목 〈감 따던 날, 할머니 댁, 일요일 등등〉

　소재 : 운동회 하던 날, 학반 계주 선수로 참가하여 아슬아슬하게 우승하던 일
　➜ 주제 〈힘든 노력 끝에 얻은 승리의 기쁨〉
　　제목 〈운동회, 계주, 우승의 순간 등등〉

　소재 : 아버지 차를 타고 나들이 가다, 교통 법규를 어겨 딱지를 떼이고 계면쩍어 하시던 아버지의 모습
　➜ 주제 〈교통 법규는 언제 어디서든 지켜야 한다〉
　　제목 〈딱지, 나들이, 중앙선 침범 등등〉

6. 시 짓고 퇴고하기

(1) 제목 보고 시 짓기

제목 : 하굣길 ➡ 주제 〈길거리 군것질의 반성〉
　　　　　　　소재 〈하굣길 떡볶이 사 먹으려다 선생님께 들킨 일〉

문장으로 쓰기

- 하굣길 교문을 나서니 김이 나는 떡볶이 가게 앞에 친구들이 모여 있었다.
- 지나치려 하니 입에 침이 고여 친구 사이를 비집고 끼여들었다.
- 여기서 뭐 하느냐는 굵은 목소리에 뒤돌아보니 선생님이셨다.
- 구경만 했는데 선생님이 오해하실까 봐 가슴이 두근거렸다.

시 행으로 바꿔 쓰기

하굣길 교문을 나서니
김이 나는 떡볶이 가게 앞에
친구들이 모여 있었다

지나치려 하니 입에 침이 고여
친구 사이를 비집고 끼여들었다

여기서 뭐하느냐는 굵은 목소리에
뒤돌아보니 선생님이셨다

구경만 했는데
선생님이 오해하실까 봐
가슴이 두근거렸다

지워도 될 부분 생략하기

교문을 나서니
김이 나는 떡볶이
친구들이 모여 있었다

입에 침이 고여
끼여들었다.

여기서 뭐 하느냐 굵은 목소리
뒤돌아보니 선생님

구경만 했는데
오해하실까 봐
가슴이 두근거렸다

교문을 나서니
김이 <u>모락모락</u> 나는 떡볶이
친구들이 <u>와글와글</u>

입에 침이 고여
끼여들었다.

"여기서 뭐 하니?"
뒤돌아보니
<u>우리</u> 선생님

구경만 했는데
오해하실까 봐
가슴이 <u>두근두근</u>

교문을 나서니
모락모락
김이 나는 떡볶이
와글와글 친구들

입에 침이 고여
끼여들었다.

"여기서 뭐 하니?"
뒤돌아보니
우리 선생님

오해하실까 봐
가슴이 두근두근
구경만 했는데……

✳ 다음 제목을 보고, 주제와 소재를 정하고 위와 같은 순서로 시를 지어 봅시다.

·등굣길	·목련 꽃	·여름 바다	·거미줄
·소나기	·우산	·모기	·부채
·냉장고	·바람 부는 날	·눈물	·내 얼굴
·열쇠	·달력	·책	·인형
·용돈	·태극기	·당번 날	·미술 시간
·결석	·병원	·컴퓨터	·신문

(2) 주제 보고 시 짓기

주제 : 전학 간 친구가 문득 보고 싶다
⮕ 소재 〈야영 가는 날 아침, 서울로 전학 간 친구가 문득
　　　보고 싶다는 생각을 했다〉
　 제목 〈친구, 전학 간 친구, 야영 떠나는 날 등등〉

짧은 문장으로 쓰기

- 야영 가는 날 문득 작년에 전학 간 친구가 보고 싶었다.
- 어깨동무하고 늘 함께 다니면 내 마음은 포근하였다.
- 그 친구 전학 간 후 소식이 없어 궁금하다.
- 야영 갔다 와서 편지나 해 봐야겠다.

시 행으로 바꿔 쓰기

야영 가는 날 문득
작년에 전학 간
친구가 보고 싶었다.

어깨동무하고 늘 함께 다니면
내 마음은
포근하였다.

그 친구
전학 간 후
소식이 없어 궁금하다.

야영 갔다 와서
편지나 해 봐야겠다.

생략, 시 행 바꾸기

야영 가는 날
문득
작년 전학 간
친구 보고 싶었다.

어깨동무
늘 함께 다니면
내 마음은
포근하였다.

그 친구
전학 간 후
소식 없어 궁금하다.

야영 갔다 와서
편지나 해 봐야겠다.

문득
친구가 보고 싶었다.
야영 가는 날

어깨동무
그림자처럼
늘 함께 다니면
내 마음은
포근하였다.

궁금하다.
그 친구
전학 간 후
소식 없어

"너 뭐 하니?"
편지나 해 봐야겠다.

✽ 다음 주제를 보고, 알맞은 소재를 찾아 위의 순서대로 시를 짓고 제목을 붙여 봅시다. (다음과 같은 생각이 드는 경험을 떠 올립니다.)

· 자연을 아름답게 지켜야 한다는 마음

· 먼저 하는 인사가 사회를 밝게 한다.

· 오늘 일은 내일로 미루면 안 된다.

· 책을 많이 읽으면 훌륭한 사람이 된다.

· 부모의 은혜는 하늘보다 높다.

· 봄의 화려함

· 여름의 싱싱함

· 가을의 풍성함

· 겨울의 아름다움

· 나라 사랑

· 국어 사랑

· 절약하면 잘 산다.

· 자기 일은 자기 스스로

· 산 정상에 오른 기쁨

· 우리집의 화목함

· 즐거운 학교 생활

· 이웃을 돕는 마음

(3) 생각나는 소재로 시 짓기

소재 : 비 오는 날, 오빠, 동생과 함께 병원 놀이를 하였다
➡ 주제 〈재미있고 우애 있는 우리 남매〉
　　제목 〈비 오는 날, 우리 남매, 병원 놀이 등등〉

짧은 문장으로 쓰기

- 비가 와서 방안에서 병원 놀이를 하고 놀았다.
- 오빠는 의사가 되고, 나는 간호사가 되고 동생은 환자가 되었다.
- 주사를 놓았더니 동생은 그만 울어 버렸다.

시 행으로 바꿔 쓰기

비가 와서
방안에서
병원 놀이를 하고 놀았다.

오빠는 의사가 되고
나는 간호사가 되고
동생은 환자가 되었다.

주사를 놓았더니
동생은 그만 울어 버렸다.

생략, 시 행 바꿔 보기

비 오는 날
방안에서
병원 놀이를 하였다.

오빠는 의사
나는 간호사
동생은 환자가 되었다.

주사를 놓았더니
동생은
그만
울어 버렸다.

비 오는 날
방안에서
병원 놀이를 하였다.

오빠는 의사
나는 간호사
동생은 환자

"어디가 아파요?"
"감기인가 봐요."
주사를 놓았다.

"으앙"
동생은 울고 말았다.
"치, 정말 우는 게 어딨어?"
나는
오빠를 쳐다보며 웃었다.

✳ 생각나는 재미있는 소재를 가지고 위와 같은 순서로 감동적인 시를 써 봅시다.

7. 시조 감상, 형식

시조는 시의 한 분야인 정형시입니다. 우리 민족이 가꾸어 온 우리 민족만이 가진 시의 형식입니다. 고려 시대 말엽부터 시조 형식이 이루어져 조선 영·정조 시대에 꽃을 피운 민족시가 시조입니다. 옛날에는 곡이 있어 노래로 부르다가 가락이 떨어지고 시로 자리하게 되었습니다. 갑오경장(1894년) 이전에 지어진 시조를 고시조(옛시조)라 하고 그 이후에 지어진 시조를 현대 시조라 합니다.

먼저 시조를 읽고 그 아름다움을 느껴 봅시다.

(1) 옛 시조

> 이런들 어떠하리 저런들 어떠하리
> 만수산 드렁칡이 얽혀진들 어떠하리
> 우리도 이같이 얽혀 백년까지 누리리라 – 이방원 –(훗날 조선 태종)

고려 말 어수선한 나라 형편을 꿰뚫고 새로운 나라를 세우려는 이성계의 계획을 반대하던 고려 충신 정몽주를 모셔 놓고 이성계의 아들 이방원이 정몽주의 마음을 돌려 보려고 떠 보는 시조입니다. 건들건들하게 서글서글하게 가락이 흘러가면서 듣는 이의 마음을 움직이게 하는 힘이 있습니다. 만수산은 개성(고려 도읍지 개경)에 있는 산입니다.

> 이 몸이 죽고 죽어 일백번 고쳐 죽어
> 백골이 진토되어 넋이라도 있고 없고
> 임 향한 일편 단심이야 가실 줄이 있으랴 – 정몽주–

절대로 새 나라 세우는데 함께 할 수 없다는, 고려 왕조를 지킬 것이라는 칼날같은 마음을 나타내고 있는 시조입니다. 후세 사람들은 앞의 시조에 「하여가」, 뒤의 시조에 「단심가」라는 제목을 붙이기도 하였습니다.

(2) 현대 시조

옛 시조는 제목이 없는데 현대 시조는 제목을 붙입니다.

봄 처녀

이은상

봄 처녀 제 오시네 새풀옷을 입으셨네.
하얀 구름 너울 쓰고 진주 이슬 신으셨네.
꽃다발 가슴에 안고 뉘를 찾아 오시는고.

이 시조는 가곡으로도 많이 불리고 있습니다. 이 밖에도 이은상님의 시조 「가고파」, 「성불사의 밤」, 「금강에 살으리랏다」, 「옛 동산에 올라」, 「장안사」 등은 우리가 즐겨 부르는 가곡입니다.

3월

김몽선

금빛 봄볕 한 자락에 하늘 녹고 바람 녹고
온 삼동 불지피던 진달래 꽃봉오리
톡톡톡 아직은 빈 산 먼저 나와 볼 붉힌다.

봉선화

김상옥

비오자 장독간에 봉선화 반만 벌어
해마다 피는 꽃을 나만 두고 볼 것인가.
세세한 사연을 적어 누님께로 보내자.

비 온 후

김몽선

세상이 무너질까 장대비가 쏟아진 후
그리 울던 먹구름도 가슴 후련 열어 놓고
지워 진 화장을 고쳐 다소곳한 백일홍

편지

김몽선

눈 속에 보리 싹이 새파랗게 자라나듯
너와 나 떠난 시간 그 속에도 정이 자라
우체통 빨간 가슴에 그리움을 싣는다.

위에 〈보기〉로 든 현대 시조들은 특별히 설명할 필요가 없습니다. 어려울 것도 없습니다. 읽고 광경을 떠 올리며 즐기면 됩니다. 다만 그 속에는 지은이의 생각이 숨쉬고 있으니 그것을 잘 생각하고 느껴 봐야 할 것입니다.

(3) 형식

시조는 형식이 정해져 있다고 했습니다. 시조에도 평시조, 엇시조, 사설시조 등이 있지만 여기서는 가장 일반적인 평시조의 형식을 알아 봅니다. 가장 쉬운 방법은 글자 수를 맞춰 짓는 것입니다.

보기 1

겨울 꽃밭

6년 ○○○

앙상한 나무들이 털 스웨터 입고 있네. ·········· 초장
　3(4)　　4(3)　　3(4)　　4(3)

밤사이 감기 들까 천사들이 선물했네. ·········· 중장
　3(4)　　4(3)　　3(4)　　4(3)

바람도 옷 떨어질까 조심조심 지나가네. ·········· 종장
　3　　5(5~9)　　4(3)　　3(4)

3장 12구로 초장, 중장, 종장 모두 15자 내외, 모두 한 수가 45자 내외로 이루어집니다. (　)속의 글자 수도 된다는 말입니다. 지을 느낌과 생각이 많으면 두 수, 세 수를 지어 붙여도 됩니다. 종장 첫구 □□ 곳은 반드시 3자여야 하고 둘째 구 ＿＿ 한 곳은 다섯 자 이상 아홉 자 이하가 되어야 합니다.

아빠의 사진첩

6년 ○○○

아빠의 사진첩을 무심코 펼쳐 봤다.
3   4   3   4

땅바닥에 앉아서 구슬치는 소년 하나
4   3   4   4

아빠도 개구장이였구나 웃음이 쏟아진다.
3   7   3   4

8. 시조 짓고 퇴고하기

제목, 주제, 소재는 시 짓기와 같습니다. 시 짓기의 방법과 순서로 시조를 지어 봅시다.

(1) 제목 보고 시조 짓기

보 기

제목 : 아 침 ➡ 소재 〈일어나서 가방 챙기고 밥 먹고 학교 가는 길〉
주제 〈즐거운 등굣길〉

짧은 문장으로 나타내기

- 아버지, 어머니께 안녕히 주무셨느냐고 인사하였다.
- 밥 먹고 가방 챙기고 현관을 나섰다.
- 교문에 들어서니 아침 햇살이 먼저 나를 반겨 준다.

시조로 만들기

아버지 어머니 안녕히 주무셨어요.
밥 먹고 가방 챙겨 현관을 나섰다.
교문엔 아침 햇살이 먼저 나를 반겨 준다.

순서 바꾸기 등 - 퇴고

안녕히 주무셨어요, 아버지 어머니
밥 먹고 가방 챙겨 횡단 보도 건너가면
교문엔 아침 햇살이 먼저 와서 반겨 준다.

(2) 주제 정하고 짓기

주제 : 즐거운 미술 시간
➡ 소재 〈찰흙으로 자기 얼굴 만들면서 재미있었던 일〉
　제목 〈내 얼굴, 미술 시간, 찰흙 조소 등등〉

짧은 문장으로 나타내기

• 오늘 미술 시간은 찰흙으로 자기 얼굴 만들기였다.
• 펑퍼짐한 내 코는 오똑하게, 작은 눈은 크게 만들었다.
• 선생님이 보시고 기현이는 미남이네 하셔서 무척 기뻤다.

시조로 만들기

오늘 미술 시간은 찰흙으로 자기 얼굴 만들기
펑퍼짐한 내 코는 오똑하게 작은 눈 크게
선생님 기현이는 미남이네 말씀이 무척 기뻤다.

형식에 맞게 다듬기 – 퇴고

찰흙으로 자기 얼굴 만드는 미술 시간
커다란 두 눈에 오똑한 콧날까지
선생님 고마운 말씀 "기현이는 미남이네."

(3) 소재가 생각날 때 짓기

소재 : 학교 울타리에 노랗게 핀 개나리 꽃이 뚝뚝 지는 것을 보는 마음
➡ 주제 〈개나리 꽃이 지면서 가는 봄이 아쉽다〉
　제목 〈개나리, 봄이 간다 등등〉

짧은 문장으로 나타내기

- 학교 가는 길 울타리에 노란 개나리 꽃이 곱게 피었다.
- 봄처럼 노란 개나리 꽃이 가지 사이에 걸려 있다.
- 개나리가 하나 둘 지면 봄도 따라 진다.

시조로 바꿔 쓰기

학교 가는 길 울타리에 노란 개나리 꽃
봄처럼 가지 사이에 걸려 있어요.
개나리 하나 둘 지면 봄도 따라 지지요.

형식 맞추기·순서 바꾸기

학교 두른 울타리에 곱게 핀 개나리 꽃
봄처럼 가지 사이 걸려 있어 가지 못해요.
개나리 하나 둘 지면 따라 지는 아쉬운 봄

퇴고

학교 두른 울타리에 개나리 꽃 곱게 폈네.
가지 사이 봄이 걸려 못 가고 있네요.
개나리 하나 둘 지면 고운 봄도 따라 져요.

✳ 다음 제목을 보고, 소재를 찾고 주제를 정해 위와 같은 순서와
방법으로 시조를 지어 봅시다.

· 목련 꽃	· 잠자리	· 가을 하늘	· 진달래
· 내 동생	· 내 짝	· 어머니 손	· 일요일
· 운동회	· 소풍	· 거울	· 책가방

셋째마당

일 기

1. 일상 생활 일기

일기는 자기 생활의 기록이고 역사입니다. 역사는 현재와 미래를 더욱 밝게 열어 가기 위한 바탕이 됩니다. 또한 일기는 하루 생활의 진실한 반성입니다. 옛 성현은 하루 세 번 이상 반성하라고 했습니다. 올바른 삶을 위해서 입니다.

이 밖에 일기 쓰기는 일상의 사물을 관심있게 자세히 관찰하는 예리한 눈, 사리를 바르게 판단하는 힘, 자기의 생각과 느낌을 효과적으로 표현하는 힘, 창의력 등을 향상시켜 줍니다. 일기는 모든 글짓기, 쓰기의 밑거름이 됩니다. 많은 사람들이 일기에 쓸 거리가 없다고 고민합니다. 다음 일기의 〈보기〉를 보면서 쓸 거리와 표현하는 방법을 생각해 봅시다.

▶ 〈보기〉의 일기는 매일 되풀이 되는 똑같은 일들을 차례로 써 내려갔습니다. 이렇게 하루의 일을 차례로 기록하는 일기 쓰기는 위에 말한 능력을 기르는데 큰 도움이 되지 못합니다. 한 가지 일을 중심으로 자세히 쓰는 습관을 들여야 합니다. 이 일기는 14가지의 쓸 거리가 모두 간단한 사실 기록만으로 쓰여져 있습니다. 한 가지씩 자세히 쓰는 요령을 보기글을 보면서 생각해 봅시다.(밑줄 부분)

10월 15일 수요일 ① ☀

②오늘은 수요일이다. ③나는 ④밥을 먹고 ⑤학교에 갔다. ⑥자습 시간에 책을 읽었다. ⑦오전 수업을 마치고 ⑧점심을 먹었다. ⑨집에 오니 ⑩아무도 없었다. ⑪숙제를 하고 ⑫컴퓨터 게임을 하였다. ⑬학원에 갈 시간이 되어 학원에 갔다. ⑭학원을 마치고 오다가 친구를 만났다. ⑮친구와 놀다가 집으로 왔다. ⑯저녁을 먹고 ⑰TV를 보다가 ⑱일기를 쓰고 잤다.

위의 일기에서 ①의 날씨는 맑음, 구름 조금, 오전 맑다가 오후 흐림 등 으로 써 보면 좋을 것입니다. ②는 필요 없는 부분입니다. ③도 필요가 없습니다. 일기는 내가 항상 주인이므로 '나'를 쓸 필요가 없습니다.(특별한 경우 제외) 또한 ⑱'일기를 쓰고 잤다'도 필요 없는 부분입니다.

그러면 나머지 부분(쓸 거리)을 항목별로 자세하게 써 봅시다.

▶ ④〔밥을 먹고〕 부분 다시 써 보기

"기수야, 밥 먹자."
어머니의 다정한 목소리가 가방을 바쁘게 챙기는 내 귀에 들렸다.
"예, 엄마, 곧 나가요."
주방으로 가니 모처럼 아빠, 누나, 동생이 모두 식탁에 앉아 있었다.
"오늘은 웬 일이야?"
누나가 나를 쳐다보며 물었다.
"응, 온 식구가 다 있네."
나는 즐거운 마음으로 의자에 앉으며 말했다.
"그래. 오늘은 내가 좀 늦게 나가도 되거든. 다 모이니 좋으냐?"
아빠도 즐거우신 듯 웃음띤 얼굴로 나를 바라보셨다.

(아래 줄임)

▶ ⑤〔학교에 갔다〕 부분 다시 써 보기

▶ ⑥〔자습 시간에 책을 읽었다〕 부분 다시 써 보기

▶ ⑦〔오전 수업을 마치고〕 부분 다시 써 보기

둘째 시간이었다. 제일 하기 싫은 수학 시간, 눈부터 감기기 시작했다. 선생님은 칠판에 분필로 낙서처럼 숫자를 그려대며 설명을 하셨지만 나는 앉은 채 스르르 눈이 감겼다.
"기수야, 너 자니?"
느닷없이 내 귀를 울리는 선생님의 목소리였다. 소스라쳐 눈을 뜨니 선생님이 나를 바라보고 계셨다. 어이없다는 표정이셨다.
"아니요."
"그럼 나와서 이 문제를 풀어 봐. 내가 설명한 대로."
나는 어정어정 칠판 앞으로 걸어 나갔다 아이들은 모두 나를 걱정스레 바라보고 있었다. 칠판에는 '$^-5 + {}^+5=$' 이라고 크게 쓰여 있었다. 양수와 음수의 덧셈 시간이었던 것이다. 고개를 갸웃거리다가 나는 '10' 이라고 썼다. 아이들이 까르르 웃었다. 얼굴이 붉어졌다.
"너는 설명할 때 뭐 했니? 들어가서 연구해 봐."

(아래 줄임)

▶ ⑧〔점심을 먹었다〕 부분 다시 써 보기

급식 당번이 뒤로 나가더니 배식 준비를 하였다. 흰 가운을 입고 마치 음식점 종업원처럼 음식을 담아 주었다. '오늘은 또 무슨 반찬일까?' 궁금해 하며 식판을 들고 다가갔더니 아니나 다를까 제일 싫어하는 무생채가 있었다.
"나 이거 못 먹어. 다른 것 줘."
"안 돼. 모두 다 이걸 먹어야 해. 먹지 않으려면 선생님께 허락을 받아 와."
막무가내로 얹어 주는 무생채를 억지로 입에 넣으니 속이 무척 불편했다.

(아래 줄임)

▶ ⑨〔집에 오니〕부분 다시 써 보기

홀가분한 기분으로 교실을 나섰다. 계단을 내려오는데 친구 상일이가 말했다.
"오늘 너 뭐 하니? 우리 오늘 함께 PC방 갈래?"
"안 돼. 미안해. 할 일이 많아."
나는 빠른 걸음으로 교문을 나섰다. 거리에는 차들이 줄을 지어 달리고 있었다. 가로수 나뭇잎들이 바람에 휙휙 날리고 있었다. 횡단 보도에서 신호를 기다리고 있는데 길 건너에서 사고가 났다. 자전거를 타고 가던 꼬마가 택시에 살짝 부딪혀 넘어진 것이다. 기사 아저씨가 유리를 내리고 고개를 내밀며 뭐라고 고함을 질렀다. 꼬마는 멀거니 바라보다가 눈물을 훔치며 자전거를 일으켜 세워 걸어갔다.
'기사 아저씨 나쁜 사람이네, 저러면 안 되는데……'
횡단 보도를 건넜다. 자전거가 무척 위험해 보였다.
(아래 줄임)

▶ ⑩〔아무도 없었다〕부분 다시 써 보기

현관 벨을 눌렀다. 기척이 없었다. 열쇠로 문을 열고 들어갔다. 집안에는 아무도 없었다. 동생은 학원에 갔을 것이고 누나는 아직 오지 않았을 것이다. 그런데 어머니가 보이지 않아 허전했다. 냉장고 문을 열고 쥬스를 한 컵 따라 마셨다. 속이 시원했다. 식탁 위에 하얀 쪽지가 보였다. 펴 보았다.
"기수야, 엄마 친구 집에 볼 일이 있어 간다. 4시쯤 돌아올게. 집 잘
  보고 있거라."
늘 집에 오면 반갑게 문을 열어 주시던 엄마가 안 계시니 마음 한 구석이 텅 빈 것 같았다. 내 방에 와서 가방을 내려놓고 창문을 열었다. 서늘한 바람이 반갑다는 듯 와락 가슴에 와 안겼다. 아파트 화단의 나무들이 바람에 춤을 추고 있었다. 울긋불긋 제법 단풍이 들어 있었다. 문득 친구 상일이가 떠 올랐다. 전화기를 들고 상일이네 집으로 전화를 걸었다.
"상일이니? 나야. 너 몇 시에 시간 있니?"
(아래 줄임)

▶ ⑪〔숙제를 하고〕부분 다시 써 보기

알림장을 폈다. 빽빽하게 해야 할 숙제들이 고개를 내밀었다. 먼저 사회 숙제 '대구에 있는 문화재 조사'를 하기 위해 책을 폈다. 사회 책에는 없었다. 어떻게 할까 생각하다가 먼저 컴퓨터를 켜고 인터넷 검색을 시작하였다. '대구 문화재'를 클릭했더니 여러 가지 자료들이 손짓하고 있었다. 달성 공원 관풍루, 중앙 공원 선화당, 동화사 등등 몇가지를 찾아 정리 기록하였다. 그러고 보니 대구에서 태어나 줄곧 살아와도 관심있게 대구의 역사에 대해 생각해 본 적이 없었다. 이 기회에 대구 역사도 알아 보기로 했다.

'대구 역사'를 클릭했다.

(아래 줄임)

▶ ⑫〔컴퓨터 게임을 하였다〕부분 다시 써 보기

✻ 위와 같이 자세하게 써 봅시다.

▶ ⑬〔학원에 갈 시간이 되어 학원에 갔다〕부분 다시 써 보기

✻ 위와 같이 자세하게 써 봅시다.

▶ ⑭〔학원을 마치고 오다가 친구를 만났다〕부분 다시 써 보기

✻ 오는 길에 친구를 만나 나눈 이야기를 자세히 써 봅시다.

▶ ⑮〔친구와 놀다가 집으로 왔다〕부분 다시 써 보기

✽ 무엇을 하고 놀았는지, 무슨 말을 주고 받았는지를 자세히 써 봅시다.

▶ ⑯〔저녁을 먹고〕부분 다시 써 보기

✽ 아침 먹은 부분처럼 자세히 써 봅시다.

▶ ⑰〔TV를 보다가〕 부분 다시 써 보기

✳ 재미있게 본 TV 내용을 자세히 써 봅시다.

   이 밖에도 아침에 등산 갔던 일, 어머니와 시장 갔던 일, 백화점 갔던 일, 동생과 다툰 일, 어머니께 꾸중 들은 일, 아버지께 칭찬 받은 일, 심부름 갔던 일, 집에 손님이 오셨던 일, 꿈을 꾸었던 일, 설거지나 청소했던 일, 산책 나갔던 일 등등을 쓸 거리로 잡아 자세하게 쓰면 재미있는 일기가 될 것입니다.

2. 독후감상 일기

　　　　11월 7일 금요일　맑다가 오후에 구름 많이 낌

　학교에 갔다 와서 책을 읽었다. 나는 시간만 나면 책 읽는 것이 재미있다. 지난 토요일 아버지께서 일찍 들어오시면서 사다 주신 책이다. 디포가 지은 '로빈슨 크루소' 이다.

　바다를 좋아해 항해하다 표류하여 무인도에 상륙한 아저씨가 구조되지 못하고 오랫동안 혼자 섬에서 원시 생활을 하다가 결국 고독과 고난을 이기고 조국 영국으로 돌아가게 되는 이야기이다.

　아무도 없는 집에 혼자 있으면 무섭다. 집이니까 그래도 참을 수 있지만 만약 깊은 산 속에서 길을 잃고 혼자 헤맨다고 생각해 보면 소름이 끼친다. 담력과 용기 그리고 끈기, 나아가 혼자 살아 가는 방법을 개척해 나가는 아저씨의 모습에서 나는 나약한 나의 생활 태도를 되돌아보게 된다.

　마지막에 영국으로 돌아오게 된 아저씨를 보며 난 마치 내 일처럼 기뻤다.

　책은 이래서 좋다. 다음에는 또 무슨 책을 읽을까 생각해 보았다.

✱ ☐ 속은 글쓴이의 생각과 느낌이 드러나 있습니다.

독후감상 일기를 써 봅시다.

월 　 일 　 요일

3. 혼자 상상한 일기

1월 6일 화요일 하루 종일 맑음

할 일이 없다. 책 읽기도 싫다. 컴퓨터도 싫다. 방안에 앉아 멍하니 벽을 바라보았다.

이런 날 나에게 날개가 있다면 옷을 두툼하게 입고 하늘을 날아 백두산 천지에 가 보고 싶다. 맑은 얼음과 흰 눈으로 뒤덮인 백두산에 올라 옛날 우리 조상들의 숨소리를 듣고 싶다. 조선 시대 김종서 장군은 북방을 지키며 그 높은 기개를 시조로 읊었다.

나는 머릿속에 지도를 그리며 백두산으로 간다. 개성에 들러 점심을 먹고 고려 도읍지의 유적을 돌아 본다. 왕건의 능에도 가 보고 싶다. 다시 날아 묘향산을 발 아래로 내려다보며 백두산으로 날아 오른다.

(아래 줄임)

상상한 일을 일기로 써 봅시다.

월   일   요일

4. 여행 (기행) 일기

　　　　1월　12일　수요일　구름 조금 끼고 매우 추움

　경주 이모 댁에 놀러 가는 날이다. 온 식구가 아침 일찍부터 부산을 떨었다. 2박 3일의 일정으로 경주 이모 댁에 가기로 했기 때문에 세면 도구와 입을 것을 챙기고 이종 사촌 언니에게 줄 선물, 예쁜 동화책 한 권도 정성껏 포장했다.

　서울 역에 가니 사람들은 그리 많지 않았다. 새마을 차표를 사니 10시 출발이었다. 경주까지는 4시간이 조금 더 걸린다고 한다. 드디어 열차가 움직이기 시작했다.

　"와, 기차 안이 꽹장히 넓네. 신난다, 서울아 안녕!"

　동생은 즐거워하며 차창 밖을 바라보고 손을 흔들었다.

(아래 줄임)

여행한 일을 일기로 써 봅시다.

월　　　　　일　　　　　요일

5. 견학 일기

1월 20일 화요일 맑음

　제지 공장을 구경시켜 주겠다고 하시던 삼촌을 따라 안양에 있는 한국 제지 공장을 찾아 갔다.

　공장 입구에 들어서자마자 산보다 높아 보이는 두 개의 굴뚝에서는 검은 연기가 힘차게 치솟고 있었다. 큰 공장임을 말해 주는 듯했다.

　안내원을 따라 맨 먼저 가 본 곳은 펄프를 부수는 '펄퍼'였다. 규모가 큰 가마솥에서 종이의 원료인 펄프가 소용돌이치며 돌아가고 있었다. 안내원 아저씨는 이렇게 말씀하셨다.

　"이 펄퍼가 가장 중요한 일을 맡아 하는 셈이야."

(아래 줄임)

현장 체험 학습한 것을 일기로 써 봅시다.

　　　　월　　　　일　　　　요일

6. 편지로 쓰는 일기

1월 22일 목요일 맑음

며칠 있으면 설이다. 올해는 시골 할머니를 뵈러 가지 못할 것 같다. 요즘 몸이 아파 병원에 자주 다니고 있기 때문이다. 할머니가 보고 싶다. 편지나 써 볼까?

보고 싶은 할머니께

겨울 날씨가 몹시 춥지요. 그간 할머니 잘 지내셨어요? 전화로는 자주 목소리를 듣지만 할머니 얼굴 뵌 지가 오래 되었어요. 저는 요즘 몸이 좀 아파 약을 먹고 있습니다. 그래서 설에는 아마 가 뵙지 못할 것 같습니다. 하지만 할머니, 걱정은 하지 않으셔도 되요. 곧 건강해질 테니까요.

지난 추석에 할머니를 뵈었을 때 참으로 기뻤습니다. "아이고 내 새끼 이렇게 컸구나!" 하시며 머리를 쓰다듬어 주시던 웃음 가득한 할머니가 솜이불처럼 따뜻했습니다.

(아래 줄임)

친구에게 쓰는 편지 일기를 써 봅시다.

월	일	요일

7. 시로 쓰는 일기

2월 4일 수요일 흐리다가 맑음

 구름이 둥둥 떠 있는 겨울 하늘을 쳐다보니 전학 간 친구 권숙이
가 문득 떠 오른다. 권숙이와의 즐거웠던 일과 소식 없어 궁금함을
시로 써 보았다

추운 하늘에는 흰 구름이 둥둥 떠 있다. 문득 구름 속에서 친구 권숙이가 웃고 있다. 오늘 따라 친구가 보고 싶다. 어깨동무하고 떡볶이 사 먹고 혼나던 날	친구는 날 데리고 공원엘 갔었지. 갑자기 전학 간 후 보고 싶어 눈물도 흘렸는데 지금 권숙이는 뭘 하고 있을까. 내일은 편지나 써야겠다.

✲ 시를 쓰게 된 동기나 느낌을 자세히 생각하고 시를 지어야 재미있는
　일기가 됩니다.

> 어느 하루의 생각을 시 일기로 써 봅시다.

　　　　월　　　　일　　　　요일

8. 시 감상 일기

2월 12일 목요일 맑고 바람이 심하게 불었다
헌 책을 뒤지다가 재미있는 시 한 편을 읽었다.

연 못

김 광 주

바람이 살짝
스치며 지나가도

하나 둘……
볼우물이 패인다.

해님이 잠깐
앉았다 가도

동그란
미소를 짓는다.

　살랑 바람이 부는 날 연못을 바라보며 지은 시다. 바람에 연못 물이 흔들려 동그란 물 무늬가 만들어지는 것을 볼우물이 패인다고 나타낸 것은 참으로 재미있게 생각 되었다. 볼우물은 우리들의 얼굴에 있는 보조개가 아닌가. 연못 물도 우리 얼굴로 보이는 시인의 눈이 신기하다. 그 위에 비치는 맑은 햇빛도 미소 짓는다, 그것도 동그란 볼우물 위에서. 나도 이런 시를 지어 보고 싶다.

마음에 드는 시 한 편을 감상하는 일기로 써 봅시다.

월　　　일　　　요일

9. 관찰 일기

6월 8일 금요일   맑음

상자를 열어 보고 깜짝 놀랐다. 어제까지 아롱다롱한 검정빛에 누르스름한 옷을 입었던 쐐기가 아무 무늬 없는 검정 옷을 입고 있었다. 그 옆에는 이상하게 생긴 것이 있었다. 빛은 달걀빛보다 조금 검고 몸은 끝이 무딘 만년필 촉처럼 생겼는데 몸뚱이에는 칼로 파 놓은 것 같은 선이 새겨져 있었다. 나는 신기하여 오빠에게 달려가 팔목을 잡아 당기면서 소리쳤다.

"오빠, 저것 봐. 처음 보는 것이 쐐기 옆에 있어."

오빠도 이것을 보고는 신기한 듯 말했다.

"이것이 번데기야. 쐐기가 번데기로 변한 것이란다."

지금까지 학교에서 번데기를 배우고 그림으로 보기는 했지만 직접 눈으로 보기는 처음이다. 더구나 내 손으로 만든 상자 안에, 내가 기른 번데기를 보니 어깨가 으쓱할 만큼 재미가 났다.

✽   이 밖에도 일기에는 어떤 형식의 글이라도 다 짓고 쓸 수 있습니다. 일기 쓸 거리도 얼마든지 있습니다. 쓸 거리가 없다는 걱정은 지워야 합니다. 다만, 일기는 사실만 적는 것이 아니라 자기의 생각과 느낌도 될 수 있는 대로 많이 써야 합니다. 그렇게 하는 것이 자신의 창의력, 비판력, 표현력을 기르는데 효과적입니다.

생활문

1. 잘된 글과 그렇지 못한 글

　생활문은 우리들이 일상 생활 속에서 겪은 일(소재)을 한 가지 생각(주제)으로 자세히(묘사), 재미있게 꾸며(구성)쓰는 글입니다. 즉 생활문은 자신이 직접 겪은 일을 생각과 느낌을 섞어 진실하게 쓰는 글입니다. 나중에 어른이 되어 콩트나 소설을 쓰는 밑바탕이 되는 글입니다. 사실을 차례로 설명하는 설명문과는 다릅니다. 주제, 소재, 제목은 시 짓기와 같습니다.

보기1　재미없는 글

내 동 생

　나는 내 동생 가연이를 참 귀여워한다. 다른 사람은 뭐라 하든지 나는 가연이가 이 세상에서 제일 잘났고 제일 예쁘게 생겼다고 생각한다. 가연이도 나를 무척 좋아한다.

　학교에 갔다 오면 엄마 가슴에 안겼다가도 나에게 달려온다. 그럴 때면 참으로 귀여워 볼을 꼭 깨물어 주고 싶다.

　내 동생 가연이와 놀 때는 선생님이 꼭 해 오라는 숙제도 잊어버린다. 그리고 아무리 가기 싫은 심부름도 가연이를 업고 가면 몇 번이든지 가고 싶다. 내가 어머니라면 젖도 많이 먹여 주고 아무리 말을 듣지 않아도 때리지 않고 귀여워해 주고 싶다.

　어떤 때는 어머니가 가연이 엉덩이를 빨갛게 되도록 때리는 것을 본다. 그럴 때면 나도 따라 울면서 어머니를 속으로 원망한다.

내 동 생

　학교에서 돌아오는데 부둣가로 가는 큰 길가에 사람들이 웅성거렸다. 무슨 일인가 하고 바라보다가 가슴이 철렁 내려앉았다.
　'아니, 동생 가연이가?'
　사람들이 빙 둘러선 자동차 앞에는 까만 바지에 빨간 스웨터를 입은 여자 아이가 쓰러져 있었다. 동생 옷과 똑같았다. 나는 쫓아 가려다 다리가 떨리고 정신이 아찔하여 건너갈 수가 없었다.
　'아니 그럴 리가……'
　나는 고개를 저으며 집 쪽으로 발길을 돌렸다. 어떻게 집에 왔는지 모른다. 숨을 헐떡거리며 대문을 휙 열고 동생이 잘 노는 포도 나무 그늘을 바라보았다. 금방 콱 울어버리고 싶었다. 혹시나 하고 떨리는 소리로 동생을 불렀다.
　"가연아!"
　그때 뒤뜰에서 반가운 가연이의 소리가 들렸다.
　"응, 누구야? 언니야?"
　나는 너무나 반가워 뒤뜰로 쏜살같이 뛰어갔다. 동생은 혼자서 신발에 흙을 가득 싣고 자동차 놀이를 하고 있었다.
　"빵 빵! 비켜 주세요."
　나는 그만 동생을 왈칵 안아 버렸다. 기뻐서 눈물이 찔끔 나왔다.

✳ 〈보기1〉은 설명 뿐이고 〈보기2〉는 일(사건)을 자세하게 대화를 섞어 그려 내고 있습니다. 〈보기2〉는 설명이 없습니다. 그러나 동생을 생각하는 지극한 마음이 잘 읽혀집니다.

2. 글의 시작

글의 시작은 매우 중요합니다. 글을 관심있게 읽을 수 있도록 하는 눈길을 끄는 시작이 되어야 합니다. 물론 글의 내용에 따라 달라질 수 있습니다.

〈보기〉1 등장 인물로 시작하기

친 구

영화는 나의 단짝 친구이다. 수영장에서 돌아오는 길에 별 것 아닌 일로 말다툼이 시작되었다.

〈보기〉2 장소로 시작하기

친 구

운동장에서는 축구가 한창이었다. 영화와 함께 수돗가로 가는 길에 날아온 공이 영화의 머리를 맞혔다.

〈보기〉3 시간으로 시작하기

친 구

일요일 아침이었다. 전화 벨이 시끄럽게 울렸다. 수영장에 가자는 영화의 전화였다.

아 침

"지금이 몇신데 넌 아직도 자니?"
어머니의 화나신 목소리가 내 귀를 울렸다.

밤

"귀뚤귀뚤, 귀또르르"
귀뚜라미가 울고 있는 밤이었다.

가을 여행

맑은 가을 하늘에는 흰구름이 빨래처럼 널려 있고 고추잠자리는
바람을 타고 신나게 숨바꼭질을 하고 있었다.

✻ 글의 대강을 미리 그려 보고, 어떻게 시작하는 것이 좋을지 잘
   생각해서 시작하는 글을 만들어야 합니다.

3. 글의 전개

생 일

㉠
  손꼽아 기다리던 나의 생일날이다.
“엄마, 이번엔 꼭 친구 초대해 줘, 응?”
책가방을 맨 채 엄마 치맛자락에 매달렸다.
“애, 그걸 말이라고 하니?”
어머니는 나를 꼭 껴안아 주셨다

㉡
  학교에 가면서 생각했다.
‘누굴 초대할까?’
공부 시간에 나는 친구들을 둘러보았다

㉢
  망설이다 우리 분단 5명을 모두 초대하기로 했다. 학교를 마치고 초대할 친구들에게 말했더니 모두 좋아했다. 솔솔 불어 오는 바람을 맞으며 집으로 힘껏 달려갔다.
  집에 오니 벌써 엄마는 나의 방에 온갖 음식을 준비해 두셨다. 친구들은 조그만 선물을 내밀며 음식을 먹고 내 생일을 축하해 주었다.

생 일

ⓛ
　　학교에 가면서 생각했다.
　'누굴 초대할까?'
　공부시간에 나는 친구들을 둘러보았다.

ⓖ
　　손꼽아 기다리던 나의 생일날이다.
　"엄마, 이번엔 꼭 친구 초대해 줘, 응?"
　책가방을 맨 채 엄마 치맛자락에 매달렸다.
　"애, 그걸 말이라고 하니?"
　어머니는 나를 꼭 껴안아 주셨다.

ⓒ
　　망설이다 우리 분단 5명을 모두 초대하기로 했다. 학교를 마치고 초대할 친구들에게 말했더니 모두 좋아했다. 솔솔 불어 오는 바람을 맞으며 집으로 힘껏 달려갔다.
　　집에 오니 벌써 엄마는 나의 방에 온갖 음식을 준비해 두셨다.친구들은 조그만 선물을 내밀며 음식을 먹고 내 생일을 축하해 주었다.

생 일

㉠
  손꼽아 기다리던 나의 생일날이다.
"엄마, 이번엔 꼭 친구 초대해 줘, 응?"
책가방을 맨 채 엄마 치맛자락에 매달렸다.
"애, 그걸 말이라고 하니?"
어머니는 나를 꼭 껴안아 주셨다.

지난일
  지난해 생일날이었다. 나는 손꼽아 기다렸는데 식구들은 아무도 내 생일을 챙겨 줄 기미가 없었다. 섭섭한 마음에 어머니께 여쭈었다.
  "엄마, 오늘 내 생일인데……."
  "그래, 참 오늘이 네 생일이지? 저녁에 케이크나 사서 먹자."
어머니는 대수롭지 않게 대답하셨다.
  "엄마, 오늘 내 생일에 친구들 초대하면 안 돼요?"
  "올해는 안 되겠다. 내년에 하자."
나는 섭섭했지만 내년을 기다릴 수밖에 없었다.

㉡
  학교에 가면서 생각했다.
'누굴 초대할까?'
공부 시간에 나는 친구들을 둘러보았다.

㉢
  망설이다 우리 분단 5명을 모두 초대하기로 했다. 학교를 마치고 초대할 친구들에게 말했더니 모두 좋아했다. 솔솔 불어 오는 바람을 맞으며 집으로 힘껏 달려갔다.
  집에 오니 벌써 엄마는 나의 방에 온갖 음식을 준비해 두셨다.친구들은 조그만 선물을 내밀며 음식을 먹고 내 생일을 축하해 주었다.

4. 글의 마무리

글의 끝을 마무리할 때 교훈적인 이야기는 좋지 않습니다. 하고 싶은 얘기(교훈적인 말 등)는 전개 부분에서 대화 속에 넣어 주면 좋습니다.

보기1

오늘은 참으로 기쁜 날이었다.

보기2

어머니의 고마움을 오래오래 잊지 않는 효녀가 되어야겠다.

✽ 위와 같은 마무리는 별로 좋은 느낌을 주지 못합니다.

보기3

친구들의 웃음소리는 온 방이 떠나갈 듯했다. 어깨가 으쓱했다.

보기4

창문으로 빛나는 저녁놀이 우리들의 얼굴도 아름답게 물들이고 있었다.

✽ 기분과 느낌과 분위기를 조금은 구체적이고 사실적으로 마무리함으로써 그날의 감정을 부드럽게 나타내면 좋을 것입니다.

5. 생활문 쓰기의 실제

(1) 제목 : 우리집

주 제 즐겁고 화목한 모습 그리기

소 재 지난 일요일 아침 밥상에서 벌어진 일

✻ 제목을 보고 주제와 소재를 생각합니다.

(2) 개요 짜기(짧은 문장으로 만들기)

ㄱ 지난 일요일 아침의 일이다.

ㄴ 밥상에 둘러앉아 밥을 먹는데 아버지께서 반찬에 번호를 붙이고 차례로 먹게 하셨다.

ㄷ 처음엔 이상하고 싫었지만 다 먹고 나서 우리는 모두 웃음바다가 되었다.

(3) 자세히 쓰기

▶ ㄱ부분 자세히 쓰기

지난 일요일 아침의 일이다.
"얘들아, 밥 먹자."
어머니의 목소리가 이불 속의 내 귀를 울렸다.
'아니, 일요일인데 벌써 밥을 먹나?'
생각하며 꼼지락거리고 있으려니 다시 아버지의 목소리가 들려 왔다.
"빨리 안 나오고 뭘하고 있는 거니?"
나는 얼른 이부자릴 박차고 나가 세수를 하는 둥 마는 둥 하고는 주방으로 갔다. 주방에는 벌써 아버지, 어머니, 동생이 얌전히 앉아 나를 기다리고 있었다.

"일요일인데 좀 더 자도록 놔 두지……."
나는 약간 퉁명스럽게 말하며 내 자리에 가 앉았다.
"규칙적인 생활이 우리집 가훈인데. 일요일이 어딨니?"
아버지는 나를 바라보며 꾸짖듯 말씀하셨다.
동생이 먼저 수저를 들려고 했다.
"순미야, 아버지께서 수저를 드신 뒤에 들어야지"
어머니가 말씀하셨다. 그러자 아버지께서 말씀하셨다.
"오늘은 특별히 반찬에 번호를 붙인다. 김치는 1번, 된장찌개는 2번, 두부전은 3번, 시금치 무침은 4번, 버섯은 5번 멸치조림은 6번이다. 밥 먹고 내가 부르는 번호의 반찬을 집어 먹기다."
"아빠, 왜요?"
동생이 이상하다는 듯 아버지를 빤히 쳐다보며 물었다.
"너들 반찬 고루 안 먹으니 그렇지."
"아버지, 이거 너무 심한 것 아니에요? 나는 버섯은 못 먹는데."
나는 동생 말에 찬동하듯 불평을 했다.
"다 너희들 좋으라고 하는 일이다. 자 먹자."
우리 가족은 난데없는 아버지의 희한한 말씀을 따라 식사를 시작했다. 모두 밥을 한 숟갈 떠 입으로 가져 가자 마자 아버지는 말씀하셨다.
"1번"
우리들은 어쩔 수 없이 모두 김치를 집었다. 다음은 된장찌개였다. 네 개의 숟가락이 동시에 된장찌개 그릇에 모였다.
"달그락"
숟가락 부딪치는 소리가 났다.
이렇게 차례로 여섯 개의 반찬을 고루고루 먹으며 식사는 끝났다. 나는 버섯을 먹을 때 구역질이 날 것 같아 억지로 참고 먹었다. 다 먹고 나서 아버지는 말씀하셨다.

▶ ⓒ부분 자세히 쓰기

> "어때? 재미있지?"
> "아뇨, 재미없어요. 아이참, 밥을 억지로 다 먹었네."
> 나는 아직도 기분이 얼떨떨했다.
> "아버지, 매일 이러실 거예요?"
> "왜, 싫으냐? 그러면 일요일만 그래 볼까?"
> 아버지는 순순히 나의 말에 따라 주셨다.
> 그러자 동생도 소리쳤다.
> "와, 우리 아버지 만세."
> 　싫기는 했지만 그래도 일요일만 그런다니 다행이라고 생각되었다. 우리 식구들은 모두 손뼉을 치며 요란한 웃음을 터뜨렸다.

(4) 위와 같은 방법과 순서로 생활문 써 보기

◨ 제목 : 칭찬

（주 제） ____________________________

（소 재） ____________________________

◨ 개요 짜기 - 짧은 문장으로 만들기

ㄱ

ㄴ

ㄷ

■ 자세히 쓰기

▶ ㉠부분 자세히 쓰기 (시작)

▶ ㉡부분 자세히 쓰기 (전개)

▶ ⓒ부분 자세히 쓰기 (마무리)

■ 퇴고하기

　　다 쓰고 나서 다시 차근차근 소리내어 읽어 보며 더 써 넣어야 할 것, 뺄 것, 틀린 글자, 낱말 등을 살핍니다. 주제에 맞는 이야기의 전개가 되었는지도 생각해 봅니다.

✽ 위와 같은 방법과 순서로 아래 제목을 보고, 한 편씩 생활문을 써 봅시다.

제 / 목 / 보 / 기

• 책	• 신발	• 지우개	• 꾸중
• 컴퓨터	• PC방	• 군것질	• 학원
• 신호등	• 버스	• 아파트	• 열쇠
• 땀	• 손	• 얼굴	• 음악 시간
• 자랑	• 공원	• 수영장	• 바다
• 고속 국도	• 골목길	• 밤	• 가을 들판
• 방학	• 숙제	• 심부름	• 외식
• 옷	• 잔치	• 나들이	• 현장 학습

1. 잘된 글과 그렇지 못한 글

독후감상문은 독서 기록과는 다릅니다. 글의 내용에 따른 자기의 생각과 느낌이 잘 살아 있어야 합니다. 글의 내용 이해만으로는 책을 읽은 보람이 크지 않기 때문입니다. 책의 내용에는 책을 지은 사람의 생각이 깃들어 있지만 그것을 읽는 독자는 독자 나름의 생각과 느낌으로 그 글을 재창조해야 독서의 효과가 커집니다.

보기 1

「홍길동」을 읽고

㉠ 교실 뒤 책꽂이에 있는 「홍길동」이란 책을 빌려 왔다.

㉡ 홍길동의 아버지는 지금의 장관과 비슷한 벼슬을 하는 권세 있는 사람이었다. 그러나 길동의 어머니는 홍판서의 정식 부인이 아니었기 때문에 어려서부터 아버지를 아버지라 부르지도 못하였다.

마치 머슴이나 하인처럼 천대를 받아야 했다. 홍판서의 정식 부인에게서 태어난 인형은 길동의 형님이었지만 그 역시 형님이라 부르지 못했다. 인형은 하얀 쌀밥에 고기랑 생선이랑 맛있는 반찬을 깨끗한 방에 앉아 먹었지만 길동은 그렇지 못하였다.

그러나 길동은 몸이 크고 힘이 세며 재주가 있었고 옳은 일에 대해서는 목숨까지 아끼지 않았다. 길동은 축지법과 둔갑술을 익혀 마음대로 쓸 줄 아는 청년이 되었다. 이런 길동이 천대받는 것이 싫어 집을 나와 도둑 떼의 소굴로 들어가 두목이 되었다. 굶주리는 일반 백성들을 위해 나쁜 벼슬아치들의 집을 털어 도와주기도 했다. 후에 홍길동은 부하들을 데리고 율도라는 곳에 가 율도국의 왕이 되었다.

㉢ 나도 커서 홍길동처럼 용감하고 의로운 사람이 되어야겠다.

✱ ㉠ 부분은 읽은 동기를 썼는데 형식적입니다.
　㉡ 은 줄거리를 요약했습니다.
　㉢ 은 자기 느낌과 생각을 썼습니다.(밑줄부분)
　그러나 홍길동의 생활에서 과연 의로움과 용기만 보아서 될 일인지, 법을 어긴 행동을 어떻게 보아야 하는지에 대한 생각이 없습니다. 이런 생각은 곧 논술의 기초가 됩니다.

의로운 사람과 도적의 사이에서
- '홍길동'을 읽고 -

　요즈음 어른들의 세상에는 우리들이 알아보지 못할 일들이 너무 많다. 거짓말, 사기, 강도, 살인 등 끔찍한 일들이 신문에 자주 오른다. 교실 뒤 책꽂이에서 찾은 '홍길동'을 빌려 왔다. 요새 세상에 홍길동 같은 사람이 있다면 어떻게 살아갈까 궁금하다.
　홍길동의 아버지는 지금의 장관과 비슷한 벼슬을 하는 권세 있는 사람이었다. 지금의 장관이 판서처럼 그렇게 권세가 있지는 않다는 것을 우리는 보고 있다. 며칠 전 한 장관이 말을 잘 못하여 쫓겨나는 것을 보았기 때문이다. 조선 시대는 임금 정치이고 지금은 민주 정치이기 때문일 것이다. 그러나 길동의 어머니가 정식 부인이 아니었기에 아버지나 형을 아버지, 형으로 부르지 못하고 자랐다. 참으로 이상한 시대라고 생각했다. 지금은 전혀 그렇지 않다.
　홍길동은 커서 집안의 천대를 괴로워하다 집을 나가 도둑 떼의 소굴로 들어갔다. 거기서 두목이 되었고 두목이 되고 나서 어려운 백성들을 살려내야겠다고 생각하여 '활빈당'을 만들었다.
　지금으로 말하면 길동이 가출을 한 것이었다. 사정이야 어려웠겠지만 부모님을 버리고 가출한다는 것은 불효라고 생각한다. 그 후 길동은 탐관오리들을 습격하여 재물을 뺏고 그것을 백성들에게 나누어 주어 백성들의 환호를 받았다. 요샛말로 하면 강도짓을 했다. 당연히 법으로 처벌을 받아야 할 것이다. 아무리 의로운 생각으로 한 일이라도 법을 어기었기 때문이다. 과연 홍길동은 의로운 사람으로 존경 받아야 할지, 죄인으로 처벌을 받아야 할지 내 어린 생각으로는 판단이 안된다.

(아래 줄임)

✻　㉠ 부분은 읽은 동기를 현실 비판으로 썼습니다.
　밑줄 친 부분은 독후감상문을 쓴 사람의 생각이나 느낌을 쓴 것입니다. 책의 내용 중 감동적이거나 기억에 남는 일을 들어 거기에 자기의 생각이나 느낌을 충분히 나타내는 일이 자기의 생각과 판단력과 창의력을 키우는 일이 됩니다. 제목도 자기가 쓴 글의 주제에 맞게 만들어야 합니다. 그리고 그 밑에 부제로 읽은 책 이름을 쓰면 됩니다.

2. 글의 시작

글의 시작에는 책을 읽게 된 동기나 책의 제목을 보고 생각한 것, 혹은 지은이에 대한 간단한 지식 등을 자연스럽게 씁니다.

효녀? 불효녀?
- '심청전'을 읽고 -

우리 나라의 고전이라 할만한 이야기, '심청전'을 다시 골랐다. 교과서에서도 배우고 어른들의 말씀 속에서도 항상 살아 말하는 심청을 다시 만나 보기 위해서이다.

신화의 나라 그리스
- '그리스의 신화'를 읽고 -

내가 4학년 때 생일 선물로 아버지께서 사 오신 책 '그리스 신화'는 몇 년 동안 내 책꽂이 깊숙한 곳에서 먼지를 뒤집어 쓰고 있었다. 갑자기 현실을 떠나 상상의 세계로 날아가 보고 싶은 생각이 들었다. 다시 찾아 오니 책도 나를 무척 반가워하는 듯했다.

계모라고 다 나쁜 사람일까?
- '장화 홍련전'을 읽고 -

학교에서 선생님이 책을 읽고 독후감상문을 써 오라고 하셨다.
나는 제일 쉽게 읽을 수 있는 것이 '장화 홍련전'이라 생각했다. 예전에도 본 적이 있었는데 이번에는 내가 커서인지 전보다 다른 생각이 들었다.

이상한 별
  – '어린 왕자'를 읽고 –

프랑스 작가 생텍쥐베리가 지은 동화 '어린 왕자'를 읽기로 했다. 지은이는 우편 비행을 담당하기로 한, 비행에 관심이 많은 사람이었다. 60여년 전에 지어진 동화인데 나는 지금 읽게 되었다. 지은이는 출격을 나갔다가 행방 불명이 되었다고 한다.

어린이들의 마음
  – '어머니 손가락에'를 읽고 –

'어머니 손가락에?' 난 얼떨결에 옆 자리 은지가 보고 있는 '어머니 손가락에'라는 책을 보게 되었다. 그러자 은지는 옛 성, 농촌, 어촌, 도시 등의 아이들이 나타내었는 시라며 나에게 이 책을 권하였다. 어쩐지 어머니에 대한 순수함이 담겨 있을 것 같아 받아 읽게 되었다.

3. 글의 전개

책의 내용 중에서 가장 기억에 남는 감명 깊은 장면(기쁜 장면, 슬픈 장면, 재미있는 장면, 화나는 장면, 무서운 장면, 내가 겪었던 것과 비슷한 장면 등)을 찾아 거기에 자기의 생각과 느낌을 충분히 잘 표현해야 효과적입니다.

김유신 장군의 웃음
- '김유신'을 읽고 -

(줄임)

그런 김유신 곁에는 그야말로 좋은 친구가 한 사람 있었다. 바로 선덕여왕의 6촌 동생으로 신라의 왕족인 김춘추였다. 우리 나라 역사상 이렇게 큰 일을 함께 이루어낸 단짝 친구가 어디 있을까? 나는 문득 이런 생각을 해 보았다. 만약 김유신에게 김춘추라는 친구가 없었다면 어떠했을까? 또 김춘추에게 김유신이라는 친구가 없었다면? 만약 그랬다면 신라는 삼국을 통일하지 못했을 지도 모른다.

(아래 줄임)

나도 이젠 변호사
- '옛 이야기 명판결'을 읽고 -

(줄임)

나라면 판결을 내릴 때 김선달, 시골 부자, 마을 사람들이 모두 벌을 받아야 한다고 할 것이다. 김선달과 마을 사람들은 사기를 쳤기 때문이고 시골 부자는 시골 사람들을 못살게 굴었기 때문이다. 하지만 김선달이 가진 시골 부자의 돈은 시골 사람들의 것인 셈이기에 김선달이 시골 사람들에게 돈을 되돌려 주면 김선달은 벌을 받지 않을 수도 있다고 생각된다. 어느 방법이 더 좋을까?

(아래 줄임)

훌륭한 아빠 행복한 가정
- '나도 커서 아빠처럼 될래요'를 읽고 -

(줄임)

처음에 길브레스 아빠를 보았을 때 별로 성실해 보이지 않았는데 책에 빠져 들면서 점점 멋진 사람으로 보였다. 엄마와 아빠는 처음부터 아이들을 많이 낳아 기르기로 결정하였다. 나는 열 두명은 너무 많은 것 같으나 힘든 것을 두려워하지 않고 아이를 낳는 것은 그만큼 두 사람이 사랑하기 때문이라는 생각이 들었다. 처음에는 딸을 낳고 네 명을 더 낳았는데 모두 아들이었다. 아빠는 그 때부터 아들을 고집하였다. 우리 아빠도 아들인 나를 더 좋아하시는데 책 속의 아빠와 많이 닮았다. 그러나 마음대로 되지 않았고 딸 다섯을 낳은 뒤 아들 둘을 더 낳았다. 그런데 나는 궁금한 것이 있었다.

'어떻게 한꺼번에 네 명씩 낳을 수 있을까?'

(아래 줄임)

사람은 무엇으로 사는가
- '두 노인'을 읽고 -

(줄임)

'두 노인'에서는 형식적인 교회와 참다운 기독교를 대표하는 전혀 다른 성격의 두 노인을 대립시켜 하느님의 뜻에 따르는 삶은 살아 있는 동안 다른 사람들에게 선을 베풀고 사랑을 실천하는 것이라고 가르치고 있다. 그러나 우리 주변에는 아직도 가식적인 사랑을 앞세워 사랑과 자비, 선행이란 이름으로 행해지는 일들이 너무나 많다.

(아래 줄임)

✱ 책의 내용을 읽어 보면 항상 양지와 음지가 함께 있습니다. 사람에 따라서혹은 나라나 시대에 따라서 그 기준이 달라질 수 있습니다. 그러므로 책을 읽을 때는 읽는 사람도 주관을 뚜렷이 가지고 있어야 합니다. 그것이 독후 감상문에 나타나면 더욱 좋습니다. 밑줄 그은 부분은 글쓴이의 생각과 느낌입니다.

4. 글의 마무리

– '개똥이 업고 팔짝팔짝'을 읽고 –

(줄임)

　엄마가 어렸을 때는 어떻게 놀았는지, 어떻게 지냈는지 궁금했던 것들을 이 책에서 알게 되었다. 나도 엄마가 해 본 놀이를 꼭 한 번 해 보고 싶다.

　'이 책을 다 읽고 정말 엄마도 이렇게 놀며 자랐는지 여쭤 봐야지.'

별 담은 바구니
– '솔, 바람, 달빛이 든 저 대금'을 읽고 –

(줄임)

　죽순의 포기하지 않으려는 마음을 본받아 간직할 것이고 항상 불평하지 않고 모든 것에 감사하는 생활을 할 것이다.

　나에게 본받을 점을 주신 지은이에게 많은 감사를 드린다. 무엇보다 죽순 아니 대금에게 고마움이 크다. 그리고 수정아! 너도 고맙다.

혼자 남긴 추억들
– '목걸이 열쇠'를 읽고 –

(줄임)

　내가 처음 이 책을 대했을 때는 부푼 희망을 안고 읽었기에 책 속에 담긴 교훈과 지혜를 하나 하나 헤아리지 못했다. 하지만 이 책의 끝장을 덮은 후 많은 뜻을 깨우쳤고 부모님의 소중함, 친구의 소중함, 그리고 내가 이때까지 알지 못한 나 자신의 소중함 역시 잘 가꾸어 나가야겠다는 생각이 든다.

내가 아빠가 되면
– '아빠가 되기는 정말 힘들어!'를 읽고 –

(줄임)

난 생일이 되면 많은 선물을 바라곤 했지만 이제 그러지 않을거에요. 너무 많은 욕심을 부리면 좋지 않은 일이 생긴다는 것도 알았어요.

"엄마, 아빠, 제가 매일 회사에서 늦게 오신다고 불평했지만 이 책을 읽고 그 이유를 알았어요. 이젠 안 그럴게요. 엄마, 아빠 사랑해요."

예나의 눈과 희망이 된 개
– '안내견 탄실이'를 읽고 –

(줄임)

이기적이고 봉사심이라고는 조금도 없는 요즘 아이들에게 탄실이의 모습은 좋은 본보기가 될 것이다. 장애를 이기려고 최선을 다하는 예나의 모습도 나에게 큰 충격으로 다가와 내가 모든 일에 최선을 다하게 하는데 큰 도움을 주었다.

5. 여러 가지 형식의 독후감상문

위에 든 보기의 글들은 대부분 생활문, 혹은 수필 형식입니다. 이 밖에 어떤 형식으로 쓸 수 있는지 알아봅시다.

<보기>1 편지로 쓰는 독후감상문

힘찬이에게
　　　－ '달리는거야, 힘차게' 를 읽고 －

안녕? 나는 대한 초등 학교에 다니는 미주라고 해. 점점 더워져 가는데 잘 지내고 있니? 가족과도 잘 지내니? 난 너를 만나 참 기쁘단다. 너의 이야기를 들은 건 지난 7월 어느 날 도서관에서 열린 독서 교실에서야. 제목은 아주 활발한 느낌이던데 책 속으로 들어가면 들어갈수록 슬픈 느낌이 막 들더라. 하지만 끝 부분에서 너와 아버지가 만나는 장면을 보며 즐거웠어. (줄임)

네가 아버지의 사업 실패, 헤어짐, 괴롭힘을 잘 헤쳐 나가면서 좋은 일을 많이 했기에 시간이 많이 지난 후에라도 아버지를 만나 힘차게 달릴 수 있었던 거야. 네가 언제나 가족과 함께 행복하게 지낼 수 있게 되길 바란다. 건강히, 안녕.

　　　　　　　　　　　　ㅇㅇ년　ㅇ월　ㅇ일　　미주가

어둠, 그리고 희망

– '안네의 일기'를 읽고 –

밀려오는 두려움
이제는 그 희망조차도
그 작고 작던 희망조차도
남아 있지 않아.

똑같은 생명체인데
단지 유태인이라는 이유로
고통 받던 날들……
(줄임)

삶이 나를 버릴지라도
키티……
당신과의 추억은
제 기억 속에서
지워지지 않을 겁니다
영원히……

<보기>3 일기로 쓰는 독후감상문

11월   15일   일요일   흐린 후 맑음

모두들 외출하고 혼자 남았다. TV를 보다가 그것도 싫증이 나서 책을 읽기로 했다. 책꽂이에서 '트리갭의 샘물'을 뽑았다. 미국 동화 작가가 지은 책이다.
꼬마 위니가 주인공인가 했는데 영원의 샘물을 먹고 성장이 멈춘 터크씨 가족도 주인공이 될만 했다.

(아래 줄임)

위니가 터크씨 집으로 납치(?) 되어 가는 것을 미행하는 사나이가 있었다. 과연 어떻게 이야기가 전개될지 궁금하다. 다음은 내일 읽기로 했다.

6. 독후감상문 쓰기의 실제

(1) 읽은 책 : 심청전

(2) 제목 정하기 (주제를 먼저 생각한 후에)
   제목 : 진정한 효도는 무엇일까?(주제와 제목이 같을 수도 있습니다)

(3) 개요 짜기 (짧은 문장으로 나타내기)

> ㉠ 어릴 때 듣기만 했던 심청전을 자세히 읽어 보려고 책을 들었다.
>
> ㉡ 감명 깊은 장면 – 예닐곱 살 때부터 일을 해서 아버지를 봉양했다.
>   – 스님과 아버지의 약속을 지켜 드리기 위해 공양미 삼
>   백석에 바다의 제물로 가는 심청과 놓지 않으려
>   는 심봉사의 애끓는 이별 장면.
>   – 왕비가 된 심청과 만나는 순간 눈을 뜬 심봉사의
>   기쁨.
>
> ㉢ 진정한 효도는 무엇일까?

(4) 자세히 쓰기

▶ ㉠부분 자세히 쓰기

> 어머니께서는 자주 나를 보고 '심청이 반만 따라 해라'고 하신다. 너무 잘 알려진 이야기라서 나는 대수롭지 않게 여기고 있었는데 어제 또 그 말씀을 듣고는 자세히 읽어 보고 싶은 생각이 들었다. 우리집에는 그 책이 없어서 교실 책꽂이에서 어렵게 찾아 빌려 와서 읽기 시작했다.

- 왜 앞을 못 보게 되었는지는 몰라도 봉사 심학규는 딸 청이와 산다. 청이 어머니는 청이를 낳은 지 이레만에 돌아가셨다. 동네 아줌마들의 젖을 얻어먹고 자란 청이는 예닐곱 살 때부터 남의 집 일을 도와 주고 얻은 곡식과 밥으로 아버지를 봉양하였다. 예닐곱 살이면 요즘의 초등 학교 1학년 정도의 어린 아이다. 참으로 놀랍고 기특하다. 내 나이 11살, 나는 아직도 어머니 일을 도와 드린 일이 별로 없다. 그래서 어머니는 '심청이 반만 따라 해라'고 자주 말씀하셨나 보다. 오늘 아침에도 늦게 일어나 이부자리는 그대로 두고 내 방도 치우지 않고 밥만 먹고 학교에 갔다. 용돈 적다고 투정하고, 심부름 시킨다고 화내고, 좋은 옷 사 달라고 졸라대는 내가 조금은 부끄러워진다.

- 일하고 늦게 오는 청이를 마중하러 나갔다가 심봉사는 개천에 빠지고 그를 건져 준 화주승의 눈을 뜰 수 있다는 말에 앞뒤 생각없이 공양미 삼백석을 시주하기로 덜컥 약속하고 만다. 쌀 300석이면 600가마, 한 가마에 15만원이라 해도 요즘 돈으로 9000만원, 정말 많은 돈이다. 심봉사는 간도 크다. 이를 안 청이는 아버지를 위로하며 마침내 장승상 댁에 수양딸로 간다고 거짓말을 하고 황해를 오가며 장사하는 뱃사람들의 안전한 뱃길을 위한 제물로 팔려 가게 된다. 앞 못 보는 아버지께 거짓말을 하고 죽으러 가는 것이 과연 효도일까? 나는 아무리 생각해도 이해가 안 된다. 떠나는 아침, 꿈 이야기를 하며 밥을 받아먹는 아버지를 보고 심청은 하염없는 눈물을 흘린다.
 지난 여름 방학 때 1주일 동안 외가에 다녀오기 위해 떠나던 날 나는 왠지 자꾸 눈물이 나는 것을 감추려 했던 일이 있다. 잠시 떠나는데도 슬픈 데 이승에서는 다시 볼 수 없다는 생각을 하면 나도 가슴이 미어진다. 나는 이 부분을 읽으며 자꾸 흘러내리는 눈물을 어쩔 수 없었다. 누가 볼세라 얼른 얼른 손으로 훔치고는 또 읽었다.

– 하늘이 도왔는지 바다에 뛰어든 심청은 다시 살아 왕비가 된다. 착한 일을 한 사람은 하늘이 도와 준다는 말이 실감난다. 오늘날에는 하늘이 노망이 났는지 착한 사람을 도와 주는 것은 고사하고 거짓말 하는 나쁜 사람들에게 벌을 내리지 않는다고 어른들은 탄식이다. 왕비가 된 심청이 아버지를 만나기 위해 맹인 잔치를 벌이고 마지막 날 만나게 된다. 만나는 순간의 기쁨으로 심봉사는 눈을 뜬다. 공양미 삼백석을 뱃사람들이 절에 시주해 주지 않았는지 부처님의 효험이 없었는지 심봉사가 그때까지 눈을 뜨지 못했다는 것이 이상하다. 하기야 눈을 떴으면 맹인 잔치에 나오지 않았겠고 그러면 청이와 만나지도 못했을 것이다. 감격적인 장면이었다.

▶ ⓒ부분 자세히 쓰기

요즘 같았으면 무료 개안 수술이라도 받아 봤을 텐데…….
이 책을 읽으면서 줄곧 내 머리 속을 맴도는 생각 하나가 있다. 유교적 풍습의 우리들은 부모가 주신 자신의 신체에 상처를 내거나 부모보다 일찍 죽는 것을 큰 불효로 여기고 있다. 그렇다면 심청은 비록 아버지 눈을 뜨게 하기 위함이긴 하지만 눈 먼 아버지를 혼자 두고 제물이 되는 것이 불효가 아닐까?
그러나 나는 이렇게 이해하고 싶다. 목숨까지도 내놓아 가며 부모를 섬기는 그 지극한 효성을 보여 주기 위함이라고.

✽ 밑줄 그은 부분은 글쓴이의 생각과 느낌입니다.

(5) 위 순서와 방법으로 독후감상문을 써 봅시다.

① 읽은 책 :

② 제목 생각하기 (주제를 먼저 생각한 후에)

　제목 :

③ 개요 짜기 (짧은 문장으로 나타내기)

ㄱ

ㄴ －

　　－

　　－

ㄷ

④ 자세히 쓰기

▶ ㄱ부분 자세히 쓰기

▶ ⓛ부분 자세히 쓰기

▶ ⓒ부분 자세히 쓰기

⑤ 퇴고하기

　　글이 주제에 맞게 전개되었는지, 책의 내용을 정확하게 이해하고
썼는지, 그 밖에 맞춤법, 문장, 표현 등에 틀림은 없는지 남의 입장에
서 소리내어 읽으며 고쳐 봅시다.

✳ 　읽은 책 가운데 한 권씩 골라 독후감상문을 위와 같이 써 봅시다. 생활문, 수필, 편지,
　시, 일기 등의 형식을 빌어 쓰는 공부를 꾸준히 합시다.

논 설 문

1. 논설문의 특징

자기의 의견을 주장하기 위해 쓴 글을 논설문, 주장하는 글이라 합니다. 학교 신문에 실리는 '이렇게 하자'나 신문에 실리는 '사설' 이 그와 같은 글입니다. 또 주어진 문제에 답하는 논리적인 글, 혹은 말을 논술이라 합니다. 대학 논술이 그것 입니다. 여기서는 앞의 글, 논설을 주로 생각합니다.

1 자기의 주장을 이치에 맞게 씁니다.

2 아름답게 멋을 부리거나, 꾸미거나, 느낌을 쓰지 않습니다.

3 서론, 본론, 결론으로 짜여집니다.

4 자기의 주장을 읽는 이가 공감하여 받아들이게 하기 위하여, 주장의 근거와 근거의 근거를 사리에 맞게 내세워야 합니다.

5 특히 근거의 근거에는 통계 자료, 속담, 겪은 일, 격언, 명언, 어른들의 말씀, 뉴스들을 알맞게 제시해야 합니다.

2. 논설문의 짜임

(1) 귀납법 짜임

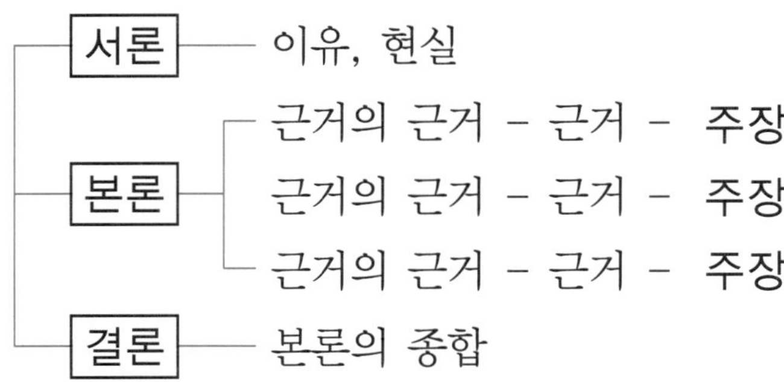

(2) 연역법 짜임

〈1〉

〈2〉

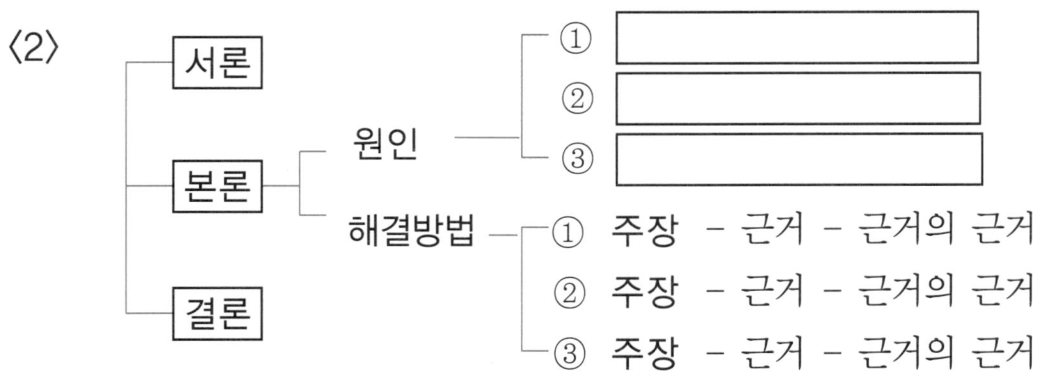

✽ 주제에 따라 〈1〉,〈2〉중에서 선택하여 구성할 수 있습니다.

3. 논설문 분석

(1) 귀납법으로 쓴 논설문

예절 바른 생활

"숙제 안 하니?" 어머니의 물음에 "하고 있잖아." 라고 대답하는 학생들이 많은 요즘이다. 우리 나라는 예로부터 예의 바른 나라라고 해 왔다. 그러나 오늘날에 와서 그 모든 예절이 허물어지고 있다. 우리들 일상에 지켜야 할 예절 가운데 어른에 대한 예절에는 어떤 것이 있을까?

우리 나라 말은 존대어가 발달되어 있다. 어릴 때부터 버릇이 된 우리들의 말은 커서도 고치기가 어렵다. 말이 공손하면 상대에 대한 마음도 공손해진다. 그러므로 우리들은 어른들에게 존댓말을 써야 한다.

지난 일요일 아침 동생은 일어나서 거실에 나오면서 신문 보시는 아버지를 힐끗 보고는 세면장으로 들어갔다. 세수를 마치고 나온 동생은 아버지로부터 인사를 하지 않았다고 꾸중을 들었다.

아침에 일어나 부모님께 인사한 뒤, 학교에 가고 또, 친구나 선생님께 인사를 하면 그날 하루는 즐거워진다. 인사는 서로의 마음을 즐겁게 해 주기 때문에 누구든지 보는 대로 먼저 인사해야 한다.

우리 옛 속담에 '찬물도 순서가 있다'고 했다. 저녁 식탁에 앉아 아버지, 어머니가 수저 들고 한 술 뜨시기를 기다리고 있었다. "너 왜 밥 안 먹니?" 어머니께서 말씀하셨다. "어른이 먼저 잡수셔야 제가 먹지요." 대답했더니 아버지께서 "그래, 너 어디서 그런 예절을 배웠니?" 신기해 하셨다. 어른을 공경하는 뜻에서 어른 먼저 잡수시도록 기다리는 마음 또한 필요하다. 식사 때는 어른이 잡수시기를 기다려 수저를 드는 예절도 필요하다.

                  아무리 시대가 변해도 우리의 전통 예절은 반드시 지켜가야
    [결론]   한다. 어른께 존댓말을 쓰고, 인사를 잘하며 식사 예절을 잘 지
                  키는 어린이가 되어야 귀여움을 받는다.

✽ ------------ 친 부분은 「근거의 근거」
    ─────── 친 부분은 「근거」 (결론의 밑줄은 본론 요약)
    ▒▒▒▒▒▒▒ 한 부분은 「주장」입니다.

(2) 연역법으로 쓴 논설문

질서 지키기

          생활이 복잡해졌다. 특히 도시에서는 많은 사람들이 모여 살
   [서론] 기 때문에 대단히 혼잡하다. 공원이나 정류장에 가 보면 남의
          눈을 찌푸리게 하는 사람들을 많이 볼 수 있다. 질서를 지키지
          않기 때문이다.

          첫째, 공원에 들어갈 때나 차를 탈 때 차례를 지켜야 한다. 차
   례를 지키지 않으면 먼저 온 사람에게 폐를 끼치게 된다. 식구
   들과 지난 일요일 대공원에 갔을 때였다. 길게 줄을 서 있는데
   청년 두 사람이 힐끗힐끗 쳐다보며 우리 앞에 새치기를 하려
   했다. 아버지께서 점잖게 타이르셨다. "이 사람들아, 먼저 온 사
   람도 생각해야지." 젊은이들은 부끄러운 듯 뒤로 물러났다. 자
   기만 생각하다 보니 이런 폐를 끼치게 되는 것이다.
          둘째, 도로 위의 차들은 차선을 잘 지켜야 한다. 빨리 가기 위
   [본론] 해 마음대로 차선을 바꾸어 끼어들면 사고가 나기 쉽다. 교통사
   고 원인 가운데 많은 것이 중앙선 침범이라 한다. '아무리 바빠
   도 바늘 허리 매어 못 쓴다'는 속담처럼 도로 위에서는 차선을
   생명처럼 지켜야 한다.
          셋째, 위급할 때일수록 차례를 지키면 모두 살 수 있다. 야구
   장에서 경기가 끝나고 나올 때 수많은 사람이 한꺼번에 먼저
   나오려 하다가는 넘어져 사고가 날 수 있다. 많은 사람이 모였
   다가 나올 때 넘어져 많은 사람이 다치거나 죽는 사고를 우리
   는 더러 본다. 차례로 나오면 사고를 예방할 수 있다.

결론

    안전한 생활을 하려면 모든 곳에서 차례를 지켜야 한다. 공원, 극장 등에 입장할 때와 또 차를 탈 때, 도로 위에서 차를 운행할 때, 많은 사람이 한꺼번에 쏟아져 나올 때 우리는 질서를 지켜 안전한 생활을 해야 한다.

✱ ------------- 친 부분은 「근거의 근거」
  ―――― 친 부분은 「근거」
  한 부분은 「주장」입니다.

4. 개요 짜기

모든 글이 다 그렇지만 논설문은 먼저 주제를 보고 거기에 알맞은 글쓸 거리를 미리 계획하여야 합니다. 글쓸 계획을 개요 짜기라 합니다.

(1) 요점으로 정리한 개요 짜기

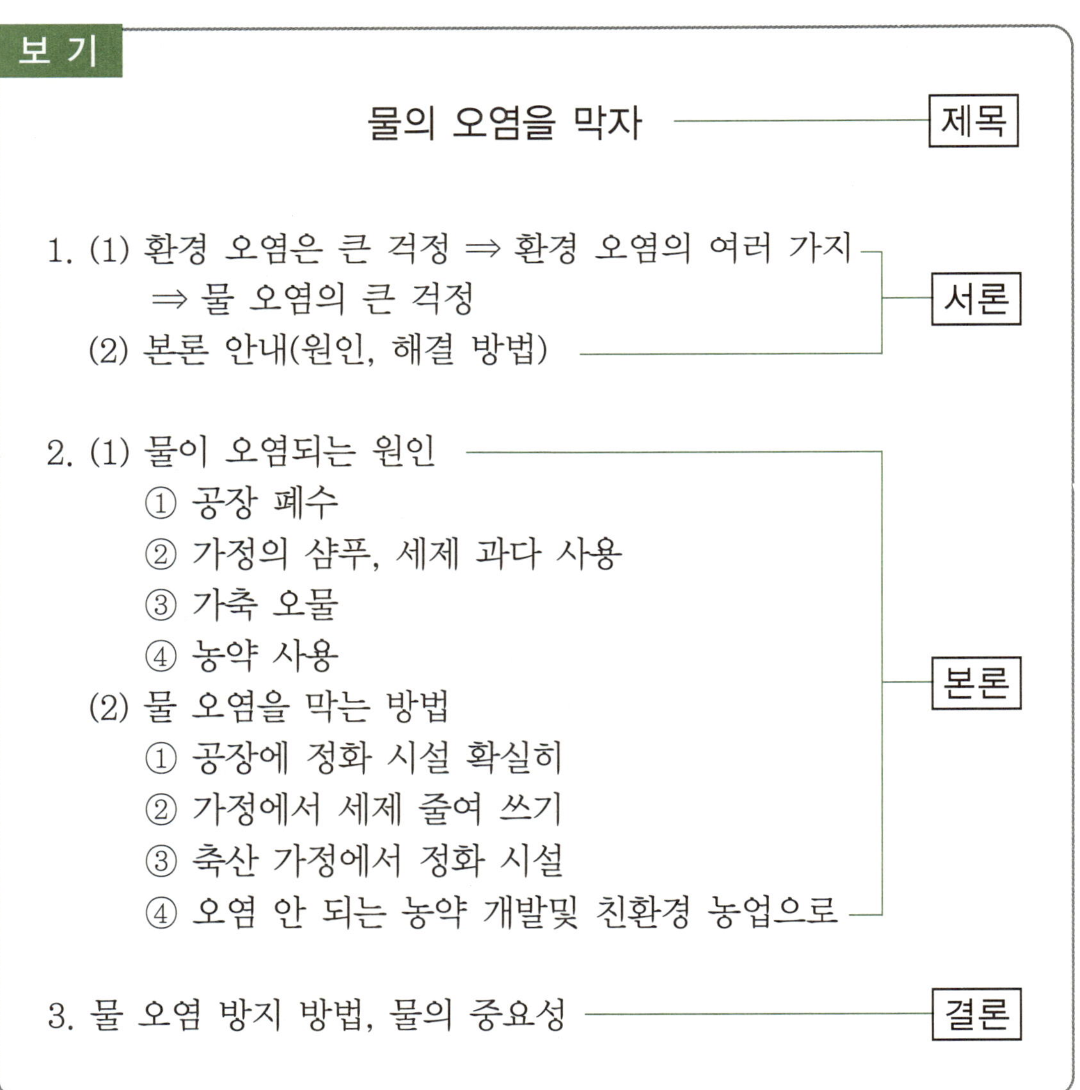

(2) 문장으로 정리한 개요 짜기

물의 오염을 막자   제목

1. (1) 환경 오염은 우리 생활을 어렵게 하고 있다.
   (2) 그 중에서도 물 오염은 심각하다.   서론
   (3) 원인과 물 오염 막는 방법을 알아 본다.

2. (1) 물은 왜 오염되는가?
      ① 공장에서 정화 안 된 폐수를 내보내기 때문이다.
      ② 가정에서 세제를 너무 많이 쓰기 때문이다.
      ③ 축산업을 하는 사람들이 가축의 오물을 그대로 흘려 보내기 때문이다.
      ④ 과수원, 골프장 등에서 농약을 많이 사용하기때문이다.
   (2) 물의 오염을 막으려면 어떻게 해야 되는가?   본론
      ① 공장의 폐수는 정화하도록 철저히 감시해야 한다.
      ② 가정에서는 세제를 줄여 써야 한다.
      ③ 축산업 하는 곳에도 정화 시설은 철저히 해야 한다.
      ④ 물이 오염되지 않는 농약을 개발해야 한다.
         친환경 농업을 장려해야 한다.

3. 물 오염을 방지하는 방법은 위와 같다.
   물의 중요성을 깨닫고 모두 함께 깨끗한 물 지키기에 힘써야 한다.   결론

5. 서론 쓰기

'물의 오염을 막자' 라는 주제로 쓸 논설문의 서론을 여러 가지로 보기를 들어 봅니다.

(1) 문제를 들어 가며 시작하기

오늘날 환경 오염은 사람들의 생명을 위험하게 하고 있다.
(아래 줄임)

(2) 낱말의 뜻을 알아보며 시작하기

오염이란 '더러워짐', '(공기, 물, 식료품 따위가) 세균, 방사능, 가스 등에 의하여 독성을 갖게 됨' 이라고 사전에서는 풀이하고 있다.
(아래 줄임)

(3) 자신의 체험으로 시작하기

지난 여름 방학 때 시골 외가 앞 냇가에 물놀이를 하러 갔다가 냄새가 지독하여 되돌아온 적이 있다.
(아래 줄임)

(4) 말을 인용하며 시작하기

'지구상에 있는 물 중에서 사람이 먹을 수 있는 물은 2%밖에 안 된다' 는 기사를 보았다.
(아래 줄임)

✽ 서론은 너무 길지 않게, 또 너무 상식적이지 않은 내용으로 시작하는 것이 좋습니다.

6. 본론 쓰기

(1) 연역법으로 쓰기

보 기

> 공장의 폐수는 정화 처리해야 한다. 공장에서 뜨거운 물이나 중금속, 유독 물질이 그대로 강으로 흘러들면 강물과 바다가 오염되는 것이다. 공장마다 정화 시설은 되어 있지만 비만 오면 정화하지 않고 몰래 흘려 보내는 일이 많다는 신문 보도가 끊이지 않고 있다. 국가에서는 철저히 감시, 감독해야 할 것이다.

(2) 귀납법으로 쓰기

보 기

> 아침마다 우리집은 머리 감느라 야단이다. 샴푸를 듬뿍 발라 문지르면 부연 거품이 무척 많이 나온다. 집집마다 이렇게 샴푸를 많이 쓰면 그 샴푸물이 흘러 하수도로 모이고 그것은 강으로 흘러 들어 물을 오염시킨다. 따라서 우리 모두 샴푸는 적게 쓰도록 해야 한다.

✽ 다음 주장을 연역법으로 써 봅시다.

오염되지 않는 농약을 개발해야 한다.

✽ 다음 주장을 귀납법으로 써 봅시다.

7. 결론 쓰기

결론에는 본론에서 주장한 것들을 요약하여 간단하게 되풀이 강조하고 하나로 묶어 마무리합니다.

 물의 오염을 막기 위해서 공장이나 축산업하는 곳에서는 폐수나 오물을 반드시 정화시켜 내보내고 가정에서는 샴푸나 세제를 적게 쓰며 정부에서는 물을 오염시키지 않는 농약 개발에 힘써야 한다. 물은 우리의 생명을 이어가는데 없어서는 안 되는 것이다. 따라서 우리 모두 깨끗한 물 지키기에 힘써야 한다.

✽ 밑줄 부분은 본론의 주장을 요약한 것입니다.

8. 논설문 쓰기의 실제

✳ 다음 주제로 논설문을 써 봅시다.

주 제 교통 질서를 잘 지키자. (제목은 달리 할 수도 있음)

(1) 개요 짜기

① 요점을 정리하여 짜 보기

교통 질서를 잘 지키자

〈서론〉 ▷

▷

〈본론〉 ▷ 교통 질서를 지켜야 하는 이유

-
-
-

▷ 교통 질서를 잘 지키는 방법

-
-
-

〈결론〉 ▷

▷

② 문장으로 짜 보기

교통 질서를 잘 지키자

〈서론〉 ▷ ______________________________
        ▷ ______________________________

〈본론〉 ▷ 교통 질서는 왜 지켜야 하는가?
        • ______________________________
        • ______________________________
        • ______________________________

        ▷ 교통 질서를 잘 지키기 위하여 우리들이 할 일은
          무엇인가?
        • ______________________________
        • ______________________________
        • ______________________________

〈결론〉 ▷ ______________________________
        ▷ ______________________________

(2) 서론 쓰기

(3) 본론 쓰기

(4) 결론 쓰기

부 록

1. 원고지 쓰기
2. 잘못 쓰기 쉬운 낱말
3. 틀리기 쉬운 낱말

1. 원고지 쓰기

원고지에 직접 쓰거나 워드로 작성할 때 원고지 쓰는 법에 맞게 해야 합니다.

(1) 한 칸에 한 자씩 씁니다. (예1)

- 문장 부호(·, ! ? " " ' '등)도 한 글자로 처리합니다.
- 줄표(–), 말줄임표(……)는 두 칸에 걸쳐 씁니다.
- 아라비아 숫자(1,2,3,…)와 영어 알파벳 소문자는 한 칸에 두 자씩 씁니다. 대문자와 로마자는 한 칸에 한 자씩 씁니다.

(2) 띄어쓰기 할 때는 한 칸을 비웁니다. (예2)

- 띄어 쓸 칸이 왼쪽 맨 첫 칸이면 띄우지 않습니다.
  (바로 윗줄 오른쪽 끝에 ∨표시)
- 오른쪽 맨 마지막 칸에서 문장이 끝날 때는 마지막 글자 옆에 온점을 찍습니다.

(3) 제목과 이름 쓰기 (예3)

- 제목은 둘째 줄 가운데에 씁니다.
- 학교와 이름은 제목 아래 한 줄을 비우고 씁니다.

(4) 본문 쓰기 (예4)

- 이름 다음 줄을 비우고 그 다음 줄 첫 칸을 비우고 쓰기 시작합니다.
- 형식 문단이 시작될 때마다 첫 칸을 비웁니다.

예 1

한다. 그래서,
무엇인가?
이를 어쩌랴!
"너는 뭐 하느냐?"
2007년 5월 19일
이것은 ——
이러면 안 되는데……
'갈까 말까'

예 2

하늘이 맑다. 구름도 한 점 없는데다
바람마저 없다.

눈이 내려 온 천지가 하얗게 변했다.

예 3

위대한 장군

대한 초등학교
6 - 1 홍길동
사공 신⎤
고향에는 할머니가 홀로 이 황⎦ 가능

버스가 오기를 기다리는 엄마는 아무 말이 없었다. 나도 할 말이 없어서 그냥 멀거니 뿌얀 길만 바라보고 있었다. 꽤나 오랜 시간이 지났다. 그때 마침 저 멀리서 버스가 모습을 나타내었다.
"엄마, 버스 저기 와요."
나는 소리치며 서둘러 짐을 들었다. 엄마는 말없이 나를 따라 버스에 올랐다.

(5) 원고지에 정서한 후에도 교정부호를 써서 고칠 수 있습니다.

기 호	뜻	보 기
♂	글자를 고칠 때	동하 물과 백두산이
⦵	글자를 뺄 때	마르르고 닳도록
∨	띄어 쓸 때	우리나라만세
⌒	붙여 쓸 때	무궁 화 삼천 리
∨	글자를 끼워 넣을 때	대한로 길이 보전
⌐	글자를 오른쪽으로 옮길 때	가을 하늘은
∽	순서를 바꿀 때	달은 밝은 우리 가슴
⌐	줄을 바꿀 때	연기가 올랐다. 봉화대에서

2. 잘못 쓰기 쉬운 낱말

1) 잃다 와 잊다
생각이 나지 않는 것은 '잊다' 이고
없어져서 못 찾는 것은 '잃다' 이다.

> **보 기**
>
> - 수돗가에서 시계를 잃어 버렸다. (잃다)
> - 선생님께서 내어 주신 숙제를 깜박 잊었다. (잊다)

2) 낫다 와 낳다, 나다
병이 완쾌됨은 '낫다', 이것은 저것보다 우수하다는 뜻으로
'낫다' 를 사용한다. 출산은 '낳다', 싹트는 것은 '나다' 이다.

> **보 기**
>
> - 할아버지의 감기가 다 나으셨다. (낫다)
> - 형보다 아우의 그림이 더 낫다. (낫다)
> - 우리집 십자매가 알을 두 개 낳았다. (낳다)
> - 봉숭아 씨앗을 심었더니 오늘 파란 싹이 났다. (나다)

(3) 틀리다 와 다르다
'틀리다' 는 맞다의 반대로, '다르다' 는 같다의 반대로 쓰인다.

> **보 기**
>
> - 어제 본 국어 시험에서 나는 두 문제가 틀렸다. (틀리다)
> - 내 생각은 네 생각과 크게 다르다. (다르다)

(4) 바라다 와 바래다
희망하는 것은 '바라다' 이고 색깔이 희미해지는 것은 '바래다' 이다.

> **보 기**
>
> - 우리 아버지가 건강해지시기를 나는 간절히 바라고 있다.(바라다)
> - 할머니 남색 치마가 뿌옇게 바래었다. (바래다)

(5) ~든지 와 ~던지

~던지는 과거를 말할 때 쓴다.

보 기

- 어젯밤 숙제를 했던지 기억이 나지 않는다.
- 뭐든지 먹고 싶다.

(6) ~으로써 와 ~으로서

~으로써는 '방법'을, ~으로서는 '자격'을 뜻할 때 쓴다.

보 기

- 믿음으로써 지켜온 우정이다.
- 학생으로서 해서는 안 될 일이다.

(7) 다치다 와 닫히다

- 장난을 치다가 손을 다치다.
- 문이 저절로 닫히다.

(8) 맞히다 와 맞추다

- 정답을 맞히다
- 화살로 과녁을 맞추다

(9) 볼 거리 와 먹을 거리

보다, 주다, 쓰다 등 받침이 없는 것은 볼 거리, 줄 거리, 쓸 거리로 말하지만 먹다, 적다(기록), 읽다 등 받침이 있는 것은 먹을 거리, 적을 거리, 읽을 거리로 말하고 써야 합니다. (먹거리, 적거리, 읽거리는 안 됨)

(10) 나르다 와 날다

- (짐을) 나르다 → 나르고, 나르니, 날라서…
- (새가) 날다 → 날고, 나니, 날아서 …

(11) 섞다 와 썩다

- 섞다 → 섞어서, 섞으면, 섞으니 (혼합하다)
- 썩다 → 썩어서, 썩으면, 썩으니 (부패하다)

(12) 이 와 이빨
- 높임말 → 치아
- 낮춤말 → 이빨

(13) 않~ 과 안~
- 않은(아니한의 준말) → 일하지 않은 사람은 먹지 말아라
- 안 (아니의 준말) → 그런 일은 안 한다.

(14) 느리다, 늘이다, 늘리다
- 느리다 → 속도가 느리다
- 늘이다 → 고무줄을 길게 늘이다
- 늘리다 → 생산량을 늘리다

(15) 반드시 와 반듯이
- 반드시 → 꼭 (약속을 반드시 지켜야 한다.)
- 반듯이 → 똑바로(고개를 반듯이 들어라)

(16) 부치다 와 붙이다
- 부치다 → 편지를 부치다. 빈대떡을 부치다.
- 붙이다 → 우표를 붙이다. 불을 붙이다. 취미를 붙이다.

(17) 장이 와 쟁이
- ~장이 → 기술자(미장이 유기장이 등)
- ~쟁이 → 기술자 외는 쟁이(소금쟁이, 담쟁이, 욕심쟁이,멋쟁이)

(18) 시키다 와 식히다
- 시키다 → 일을 시키다.
- 식히다 → 끓인 물을 식히다.

(19) 안치다 와 앉히다
- 안치다 → 밥을 안치다.
- 앉히다 → 윗자리에 앉히다.

(20) 이따가 와 있다가
- 이따가 → 이따가 오너라.
- 있다가 → 돈은 있다가도 없다.

(21) 절이다 와 저리다
- 절이다 → 김장 배추를 소금에 절이다.
- 저리다 → 다친 다리가 저리다.

3. 틀리기 쉬운 낱말

•••

( )속의 낱말도 함께 쓰입니다. 표준어가 아닌 낱말 뒤에는 ×를 하였습니다.(가나다순) **✹ 의문 나면 사전 찾기**

가물(가뭄)	담쟁이
가엾다(가엽다)	댓돌(섬돌,툇돌)
강낭콩(강남콩×)	더욱이
겸연쩍다	돌(돐×)
골짜기(골짝)	동네(마을)
곳간	된장찌개
귓속말(귀엣말)	뒤뜰(뒷마당)
그물눈(그물코)	떡볶이
글귀(글구×)	뚜껑(덮개)
금세(금새×)	멋쟁이(멋장이×)
깊숙이	메아리(산울림)
깔보다(깐보다)	며칠(몇일×)
꼬까신(고까신)	목걸이
꼭두각시(꼭둑각시×)	무심코
나무라다(나무래다×)	뭇매(몰매)
남빛(쪽빛)	미루나무(미류나무×)
냄비(남비×)	미장이
넝쿨(덩쿨)	바짓가랑이
녹슬다	발가숭이(발가송이×)
놓치다	발뒤꿈치
눈썹	발짓(발길)
늦장(늑장)	버들강아지(버들개지)

보조개(볼우물)	우레(천둥)
봉숭아(봉선화)	위층(웃층×)
부딪치다	윗녘(웃녘×)
비로소(비로서×)	윗집(웃집×)
빛깔(색깔)	일꾼
뻗치다	일찍이
사거리(네거리)	자두(오얏×)
사글세	자물쇠(자물통)
사마귀(버마재비)	제가끔(제각기)
삽살개(삽사리)	제비꽃(오랑캐꽃)
설거지	조리개
셋방	차차(차츰)
소갈머리(소갈딱지)	찻잔
소낙비(소나기)	채소밭(남새밭)
수캐	책씻이(책거리)
수탉	초승달(초생달×)
수퇘지	케케묵다(켸켸묵다×)
숫자	타작(바심)
쌍소리(상소리)	턱받이(턱받기×)
쓰레받기	뒷간
아기(애기×)	하마터면
아지랑이	하여튼
안팎	한사코
암탉	허우대(허위대×)
애벌레	호루라기(호루루기×)
오뚝이	회오리바람(용숫바람)
옥수수(강냉이)	횟수
요새	흠집(험집×)

메모장